AF453454

COURS MOYEN
**Programme officiel du 27 juillet 1882**

# EXERCICES
## DE
# MÉMOIRE

TEXTE DU PROGRAMME :

*RÉCITATIONS DE FABLES, DE PETITES POÉSIES
ET DE QUELQUES MORCEAUX DE PROSE*

**Conseils pédagogiques**
**Maximes. — Morceaux expliqués. — Diction**

VINGT-HUIT GRAVURES

PAR

**A. DELAPIERRE**
INSPECTEUR DE L'ENSEIGNEMENT PRIMAIRE
DE LA SEINE
OFFICIER D'ACADÉMIE

**A.-P. DE LAMARCHE**
DÉLÉGUÉ DE L'ASSOCIATION DES MEMBRES
DE L'ENSEIGNEMENT
OFFICIER D'ACADÉMIE

**Ouvrage fourni gratuitement par la VILLE DE PARIS à ses
écoles et porté sur les LISTES DÉPARTEMENTALES**

Aimer l'école, c'est aimer la patrie.
A.-P. DE LAMARCHE.

## PARIS
### LIBRAIRIE PICARD-BERNHEIM ET Cⁱᵉ
11, RUE SOUFFLOT, 11

1886
Tous droits réservés

---

## POUR PARAITRE PROCHAINEMENT

### Exercices de mémoire (*Cours supérieur*).

Saint-Denis. — Imp. Picard-Bernheim et Cⁱᵉ. — M. I.

# PRÉFACE

Il y a quelques années, nous accompagnions dans une école un **Anglais**, *membre de la Chambre des communes*, qui avait été délégué par son gouvernement pour étudier la situation et le fonctionnement de l'enseignement primaire en France.

Au moment de quitter le cours moyen, l'envoyé anglais demanda à un élève de réciter une **fable de La Fontaine**.

— *Je n'en connais pas, répondit l'enfant.*

— Et vous, mon ami ? dit-il à un autre.

— *Ni moi, monsieur.*

— Et vous ?

Celui-ci en avait appris une... autrefois, *le Lion et le Rat*. Il la dit péniblement, en s'arrêtant, cherchant, bégayant, levant les yeux au plafond, se fourvoyant, en un mot, dans une attitude embarrassée et déplorable.

— Je ne croyais pas, nous dit l'Anglais en quittant la classe, qu'un enfant d'une école française pût ignorer aussi complètement votre grand fabuliste. En Angleterre, il n'est pas un jeune homme de quelque éducation qui ne puisse, dans la langue même où elles ont été écrites, dire quelques-unes de ces fables, dont les admirables maximes sont chez nous la monnaie courante de l'esprit littéraire.

Nous nous sommes toujours souvenu de ces paroles du député d'Outre-Manche.

Et, en effet, si tous les élèves de nos écoles ont entendu parler des *Fables de La Fontaine*, combien peu les connaissent de mémoire, même les plus simples, et combien moins encore sont capables de citer à propos les maximes qu'elles renferment ! Et pourtant La Fontaine écrivait pour nous. Si les étrangers se sont emparés de ses œuvres, c'est que les pensées qu'il y a mises sont universelles, et on ne comprend guère que nos enfants ne soient pas souvent exercés à les commenter et à les retenir.

Voilà pourquoi il nous a paru utile de donner, dans ce petit recueil, une large place à notre immortel fabuliste.

* *

Mais ce n'est pas tout de caser dans sa mémoire une fable, une poésie, un morceau littéraire quelconque : il faut savoir le *réciter*, ou mieux, savoir le **dire**, pour nous servir d'une expression plus nouvelle et plus juste.

Et pour bien dire un morceau, il faut en bien comprendre et les *idées* et les *mots*.

Les **idées** si l'on veut donner à son débit une intonation qui s'accorde avec la pensée de l'auteur ; les **mots** si l'on ne veut pas s'exposer à prononcer comme un perroquet des expressions dont on ne saisit ni le sens général, ni la valeur particulière qu'elles peuvent avoir dans la phrase.

Il nous a donc semblé indispensable de donner, à la suite de chaque morceau, d'abord l'**explication du sens**, et quelquefois une courte analyse qui sera un acheminement à nos *analyses littéraires* du cours supérieur ; puis l'**explication des mots** en ne tenant compte, toutefois, pour ce cours, que de leur acception dans le morceau donné. Au surplus, nous n'avons expliqué que les mots les plus

difficiles à comprendre, en laissant au maître le soin de définir tou
ceux qui pourraient laisser quelque doute dans l'esprit de l'enfant.

**

La **diction** comprend deux éléments distincts : le *ton*, qui consiste
à réciter d'une **manière naturelle**, c'est-à-dire comme on parle,
comme on raconte un trait, une anecdote, comme on fait une description ; et la **prononciation des mots** en bon français, c'est-
à-dire selon l'usage reçu et adopté par les auteurs qui font loi dans la
matière : *Littré*, *l'Académie française*, etc.

Nous avons donné, dans nos **conseils pédagogiques**, quelques indications sur la diction, mais là, encore, nous laissons toute
latitude à l'initiative du maître, le cadre étroit de ce livre ne nous
permettant pas de nous étendre davantage.

Terminons en citant deux passages d'un savant qui n'a pas dé-
daigné de traiter une question dont se préoccupent aujourd'hui, à bon
droit, tous les esprits.

« *Les élèves des écoles primaires*, dit **M. Legouvé**, *auront
certainement à lire tout haut, et plus d'une fois dans le cours de
leur vie, un rapport, un compte rendu, un exposé de situation,
un projet.*

« *S'ils lisent mal, ne s'exposent-ils pas à être mal entendus,
mal compris, et peut-être même quelque peu tournés en ridicule ?
S'ils lisent bien, leur discours ne sera-t-il pas plus clair, plus
convaincant ? C'est incontestable. Les notions de lecture qu'ils
auront acquises à l'école les suivront donc dans la vie ; ils
utiliseront comme hommes ce qu'ils auront appris comme
élèves.* »

Telle est l'opinion de M. Legouvé sur la lecture à *haute voix*, ce
prélude de la récitation, et voici ce qu'il dit de l'art d'apprendre une
leçon :

« *Quand l'élève a une leçon à apprendre, que fait-il en général ?
Il se met à marmotter, à voix basse ou à haute voix, chaque
mot vingt fois de suite, mécaniquement, machinalement, jusqu'à
ce qu'il se soit enfoncé la page, ligne à ligne, dans la cervelle,
comme on enfonce un clou dans le bois, à force de frapper
dessus avec le marteau. Eh bien ! je propose aux meilleurs élèves
des écoles primaires un pari, que j'ai bien souvent gagné. Leur
mémoire est toute fraîche, toute souple, toute nouvelle, tandis
que la mienne me sert depuis bien longtemps, et, comme telle,
commence fort à s'user ; je leur offre pourtant de choisir, eux et
moi, une page quelconque, et je gage que je la saurai deux fois
plus vite qu'eux. Pourquoi ? Parce que j'y appliquerai les règles
de la lecture, c'est-à-dire que j'apprendrai ce morceau en le
lisant correctement, méthodiquement, selon les lois de la ponctuation et en suivant le mouvement de la phrase. Lue de cette
façon, cette phrase s'imprimera plus promptement dans ma
mémoire, parce qu'elle se dessinera plus nettement dans mon
esprit.* »

On ne peut mieux dire en moins de phrases, et tout commentaire
serait superflu.

# LA FAMILLE

De ce buisson de fleurs approchons-nous ensemble.
Vois-tu ce nid posé sur la branche qui tremble?
Pour le couvrir vois-tu les rameaux se ployer?
Les petits sont cachés dans leur couche de mousse;
Ils sont tous endormis : Oh! viens, ta voix est douce,
      Ne crains pas de les effrayer.

De ses ailes *encor* la mère les recouvre;
Son *œil appesanti* se referme et s'entr'ouvre,
Et son amour longtemps lutte avec le sommeil;
Elle s'endort enfin... Vois comme elle repose!
Elle n'a rien pourtant qu'un nid sous une rose
      Et sa part de notre soleil.

Vois, il n'est point de vide en son étroit *asile* :
A peine s'il contient sa famille tranquille;
Mais là le jour est pur et le sommeil est doux :
C'est assez! elle n'est ici que *passagère;*
Chacun de ses petits peut réchauffer son frère,
    **Et son aile les couvre tous.**
          ÉMILE SOUVESTRE.

## MAXIME

### Sans union pas de famille.

## CONSEILS PÉDAGOGIQUES

**Explication du morceau.** — L'auteur de cette poésie nous montre, dans un nid d'oiseaux, un tableau charmant et délicat de la famille et en particulier de l'amour maternel.

Rien n'est plus touchant que cette mère dont « l'œil appesanti se referme et s'entr'ouvre », et dont « l'amour lutte avec le sommeil ».

C'est bien là l'image de la mère de famille, toujours inquiète sur le sort de ses enfants, qui leur apprend à se « réchauffer » entre eux, c'est-à-dire à s'aider les uns les autres, qui les « couvre » enfin « de son aile », c'est-à-dire qui les comble de ses soins et de sa tendresse inépuisable.

**Explication des mots.** — *Encor*, pour *encore*, licence poétique qui enlève un *pied*, c'est-à-dire une syllabe au vers. — *Œil appesanti*, sans force pour s'ouvrir, fermé par la fatigue. — *Asile*, lieu où l'on trouve un refuge, un abri, une protection. — *Passagère*, qui ne s'arrête point, qui ne fait que passer, allusion au peu de temps que passe la mère dans son nid quand ses petits sont éclos.

**Diction.** — Les pauses. — En général, arrêtez-vous l'espace *d'une seconde* après la virgule ; de *deux secondes* après un point-virgule, un point d'exclamation ou deux points ; de *trois secondes* après un point ou un point d'interrogation.

En représentant par le signe (|) l'arrêt d'une seconde, le cinquième et le sixième vers par exemple, se diront : *Ils sont tous endormis* ; || *Oh !* || *viens,* | *ta voix est douce,* | *ne crains pas de les effrayer.* |||

Cette règle générale a des exceptions qui sont indiquées à mesure qu'elles se présentent dans les morceaux suivants.

Récitez ce morceau avec douceur et sentiment ; que votre visage soit souriant comme le tableau que vous racontez.

---

# LE LISERON ET LE SAULE

Une graine de *liseron* avait levé sous une haie touffue. La pauvre petite plante, privée d'air et de soleil, se traînait à terre et cherchait autour d'elle un appui. « Hélas ! disait-elle, si je pouvais m'élever un peu au-dessus de cette haie qui m'étouffe ! Je verrais le soleil et je pourrais fleurir. — *Saule* blanc, aux branches élancées, veux-tu que je m'appuie sur toi ? »

Le saule laisse pencher vers la terre un de ses rameaux *flexibles*. Le liseron s'y accroche ; il y enroule sa petite tige frêle. Puis du rameau il s'élance aux grosses branches pour les enlacer de ses *guirlandes*. Et tout l'été nous vîmes le saule paré de cent clochettes *azurées*, gracieusement suspendues à ses rameaux. De loin on eût dit que ces fleurs étaient les siennes.

L'un donnait son appui et l'autre sa beauté.

Ch. Delon.

MAXIME

**Aidons-nous les uns les autres.**

## CONSEILS PÉDAGOGIQUES

**Explication du morceau.** — Cette charmante petite fable nous offre un exemple des bienfaits de l'association.

Deux hommes, deux amis s'unissent dans une même entreprise: l'un apporte son intelligence des affaires, l'autre ses capacités d'administrateur. Isolés, il serait difficile à chacun d'eux d'obtenir le succès: en réunissant leurs facultés et leurs efforts, ils obtiennent la réussite complète.

**Explication des mots.** — *Liseron* ou *convolvulus*, plante grimpante, qui a donné son nom à la famille des convolvulacées (fleurs en clochette). — *Saule*, arbre qui croit au bord des rivières, dans les lieux humides. — *Flexible*, qui plie sans se rompre. — *Guirlande*, fleurs et feuillage disposés en festons. — *Azurées*, de couleur d'azur, c'est-à-dire bleu de ciel.

**Diction.** — LA PAUSE APRÈS LE TITRE. — Commencez la lecture et la récitation d'un morceau par le titre que vous direz lentement, de façon qu'il soit clairement entendu de tous ceux qui vous écoutent: puis arrêtez-vous l'espace de cinq secondes, ou le temps de compter jusqu'à cinq. Ex. : *Le Liseron et le Saule.* ||||| *Une graine de liseron*, etc.

Il est entendu une fois pour toutes que le signe (|) représente l'espace d'une seconde.

Ce morceau doit être dit comme le précédent, avec beaucoup de sentiment et de charme.

---

# LE LION ET LE RAT

Il faut, autant qu'on peut, obliger tout le monde ;
On a souvent besoin d'un plus petit que soi.
De cette vérité deux fables feront foi,
    Tant la chose en preuves abonde.

    Entre les pattes d'un lion,
Un rat sortit de terre assez *à l'étourdie*.
Le roi des animaux, en cette occasion,
Montra *ce qu'il était*, et lui donna la vie.

Ce bienfait ne fut pas perdu.
Quelqu'un aurait-il jamais cru
Qu'un lion d'un rat eût affaire ?
Cependant *il advint* qu'au sortir des forêts
Ce lion fut pris dans des *rêts*
Dont ses rugissements ne le purent défaire.
Sire rat accourut et fit tant par ses dents
Qu'une maille rongée emporta tout l'ouvrage.

**Patience et longueur de temps
Font plus que force ni que rage.**

La Fontaine.

## MAXIME

**Un bienfait n'est jamais perdu.**

### CONSEILS PÉDAGOGIQUES

**Analyse de la fable.** — Dans cette fable, notre immortel La Fontaine nous donne deux enseignements, résumés en deux maximes proverbiales, dont l'une commence et l'autre termine le nouveau.

Le sujet ne pouvait être mieux choisi : ce contraste du terrible roi des animaux et de l'un des plus petits quadrupèdes, le rat, frappe vivement l'esprit du lecteur et lui montre bien que « on a souvent besoin d'un plus petit que soi ».

Quant à la patience du rat, tout le monde la connaît, tout le monde l'a vu ronger patiemment le bas d'une porte et se frayer un passage là où la colère et les efforts du plus puissant des animaux seraient stériles.

**Explication des mots.** — A *l'étourdie*, locution adv. signifiant étourdiment, c'est-à-dire sans réflexion. — *Ce qu'il était*, c'est-à-dire, grand, généreux, magnanime. et non pas féroce comme le tigre. — *Il advint*, il arriva par hasard. — *Rêts*, filet pour prendre du poisson, des oiseaux, etc.

**Diction.** — L'inflexion. — Le ton, l'inflexion de la voix doivent être aussi naturels dans la récitation que dans la conversation. Récitez comme vous parlez.

Il s'agit ici d'une scène dont les acteurs sont des animaux, d'une fable en un mot ; dites-la avec finesse, d'un ton qui fasse comprendre à vos auditeurs que vous savez bien que ce n'est qu'une fable, tout en faisant sentir la valeur de la morale qu'elle renferme.

---

# LA COLOMBE ET LA FOURMI

L'autre exemple est tiré d'animaux plus petits.

Le long d'un clair ruisseau buvait une colombe,
Quand sur l'eau se penchant une *fourmis* y tombe ;
Et dans cet océan l'on eût vu la fourmis
S'efforcer, mais en vain, de regagner la rive.

La colombe aussitôt usa de charité :
Un brin d'herbe dans l'eau par elle étant jeté,
Ce fut un promontoire où la fourmis arrive.
Elle se sauve. Et là-dessus
Passe un certain *croquant* qui marchait les pieds nus ;
Ce croquant, par hasard, avait une arbalète.
Dès qu'il vit l'*oiseau de Vénus*,
Il le croit en son pot, et déjà lui fait fête.
Tandis qu'à le tuer mon villageois s'apprête,
La fourmis le pique au talon.
Le *vilain* retourne la tête.
La colombe l'entend, part et *tire de long*.
Le souper du croquant avec elle s'envole :
**Point de pigeon pour une obole.**

La Fontaine.

## MAXIME

**Faites le bien pour le plaisir de le faire.**

### CONSEILS PÉDAGOGIQUES

**Analyse de la fable.** — Les animaux sont plus petits, en effet, que dans la fable précédente, mais l'enseignement est le même, sauf qu'il n'est plus question de patience dans le service rendu.

Admirons ces figures charmantes : un ruisseau qui devient un *océan* et un brin de paille un *promontoire* pour la petite fourmi.

Et cet autre vers : « le souper du croquant avec elle s'envole » n'est-il pas des plus heureux ? Il semble qu'on voie la déception de l'homme, sa mine allongée lorsqu'il contemple son souper dans le lointain.

**Explication des mots.** — *Fourmis*, on écrirait aujourd'hui fourmi. — *Croquant*, vieux mot qui signifiait homme sans valeur, sans importance. — *L'oiseau de Vénus*. Les anciens avaient consacré la colombe à la déesse Vénus. — *Vilain*, paysan, roturier avant la Révolution. — *Tire de long*, s'enfuit à tire d'ailes. — *Obole*, ancienne monnaie qui valait la 24ᵉ partie d'un sou.

**Diction.** — La voix. — Donnez votre voix dans le médium, c'est-à-dire assez haut pour être entendu clairement de tous ceux qui vous écoutent, et assez modérément pour éviter de crier.

Cette fable ne peut être séparée de la précédente dans la récitation ; elle contient la même morale et doit être dite sur le même ton, en y ajoutant toutefois un peu de charme et de douceur, parce qu'il s'agit d'animaux plus petits et plus intéressants.

---

# L'HUMANITÉ

Il y a un peu plus de vingt ans de cela, nous avons eu une querelle avec les Russes et nous sommes allés chez eux, en *Crimée*. Il y avait eu un combat ; le soir, deux blessés se trouvèrent étendus côte à côte sur le champ de bataille ; on n'eut pas le temps de les relever. L'un était un Français, l'autre était un Russe. Ils souffraient cruellement ; ils essayèrent de se parler, et, s'ils ne se comprirent pas beaucoup, ils se témoignèrent du moins de l'amitié, qui adoucit leurs maux. La nuit venue, un d'eux s'endormit.

Le matin, quand il s'éveilla tout à fait, il vit sur lui un manteau qu'il ne connaissait pas ; il chercha son voisin ; celui-ci était mort, et, au moment de mourir, avait ôté son manteau et l'avait étendu sur son compagnon de misère...

Savez-vous quel est celui qui a fait cela? Je le vois dans vos yeux, vous avez envie que ce soit le Français.
— **Eh bien! soyez contents... c'était le Français.**
(D'après E. BERSOT.)

ÉD. ROCHEROLLES.

*(Cours moyen de grammaire.)*

## MAXIME

### La fraternité doit inspirer nos actes.

#### CONSEILS PÉDAGOGIQUES

**Réflexions sur le morceau.** — Voilà un bel exemple d'humanité et on est heureux, en effet, de le voir accompli par un Français.

Blessé et étendu à côté de son ennemi, ce brave soldat ne voit plus en lui qu'un compagnon d'infortune. A la haine qui l'animait dans la bataille a succédé un sentiment profond d'humanité ; et, se sentant perdu, il essaye au moins de soulager celui qui souffre à côté de lui.

C'est bien beau, et c'est bien français !

**Explication des mots.** — *Crimée*, presqu'île au sud de la Russie, dans la mer Noire. La guerre de Crimée, dont le principal événement fut le siège et la prise de Sébastopol en 1854-55, a été entreprise par les Français et les Anglais contre les Russes qui voulaient démembrer la Turquie.

**Diction.** — L'ARTICULATION. — Ouvrez suffisamment la bouche pour bien articuler les syllabes.

Lorsque vous voulez vous faire entendre d'un bout de la classe à l'autre, de l'un de vos amis, tout en n'employant que le chuchotement, vos lèvres dessinent, en quelque sorte, les sons des mots que vous prononcez : faites de même lorsque vous récitez haut.

Pour dire ce morceau, commencez par le ton simple et naturel de la narration, comme si vous racontiez l'anecdote à l'un de vos camarades. Au premier alinéa votre voix doit être empreinte de sensibilité, et, au dernier de beaucoup d'expression.

Arrêtez-vous quatre secondes après *qui a fait cela?* et après *le Français.* Puis pressez pour finir.

## LES DEUX VOYAGEURS

Le *compère* Thomas et son ami Lubin
Allaient à pied toùs deux à la ville prochaine.
Thomas trouve sur son chemin
Uné bourse *de louis pleine;*
Il l'empoche aussitôt. Lubin, d'un air content,
Lui dit : « Pour nous la bonne *aubaine!*
— Non, répond Thomas froidement,
Pour nous n'est pas bien dit, pour moi c'est différent. »
Lubin ne souffle plus; mais en quittant la plaine
Ils trouvent des voleurs cachés au bois voisin.
Thomas, tremblant, et non sans cause,
Dit : « Nous sommes perdus ! — Non, lui répond Lubin,
Nous n'est pas le vrai mot; mais toi, c'est autre chose. »
Cela dit, il s'échappe à travers les *taillis.*
Immobile de peur, Thomas est bientôt pris :
Il tire la bourse et la donne.

Qui ne songe qu'à soi quand sa fortune est bonne
Dans le malheur n'a point d'amis.

FLORIAN.

### MAXIME

**L'avare perd tout en voulant tout avoir.**

### CONSEILS PÉDAGOGIQUES

**Explication de la fable.** — Thomas est un égoïste dont la punition d'ailleurs ne se fait pas longtemps attendre.

Il ose prendre à l'égard de son compagnon, de son ami, le ton de la raillerie froide : « *Pour nous* n'est pas bien dit, *pour moi* c'est différent », ce qui veut dire qu'il n'entend pas du tout partager la trouvaille.

Lubin, au lieu de lui venir en aide, lui rend sa raillerie dès qu'il le voit entre les mains des voleurs, terrifié par la peur même de perdre sa bourse.

L'auteur a donc raison de faire entendre par sa maxime que l'égoïste ne trouve point d'amis pour lui venir en aide quand le malheur frappe à sa porte.

**Explication des mots.** — *Compère*, mot familier pour désigner un homme rusé. — *De louis pleine*, inversion, pour pleine de louis, c'est-à-dire de pièces d'or. — *Aubaine*, profit sur lequel on ne comptait pas. — *Taillis*, bois de deux à quatre ans.

**Diction.** — Soutien de la voix a la fin des phrases. — Soutenez la voix de façon à ne pas faire de chute profonde à la fin des phrases ; une légère modulation suffit. Appliquez ce principe après les mots : *prochaine, aubaine, différent,* etc.

Faites bien ressortir l'exclamation confiante de Lubin : *Pour nous là bonne aubaine !* La réponse de Thomas doit être dite d'un ton sec et froid en appuyant sur les mots *pour nous, pour moi.* Plus loin, Lubin répondra sur le même ton : *Nous* n'est pas le vrai mot, etc.

---

# L'ENNUI DU PLAISIR

C'était le jour de l'an, le beau jour des étrennes.
Claire en reçut autant que les filles des reines,
Du matin jusqu'au soir l'enfant avait joué,
Elle avait tour à tour noué, puis dénoué
La robe et les cheveux de sa grande poupée,
Avait fait la dînette, et surtout la *lippée*,
Et trempé les pinceaux dans la boîte à couleurs,
Et peint le nez du chat. Et malgré ces bonheurs,
Quand elle eut épuisé cette *coupe* de joie,
Hésitante à la fin, et comme *à bout de voie*,
On la vit tout à coup bâiller et soupirer ;
Elle s'arrêta lasse et se prit à pleurer !
« Que vois-je, lui cria sa bonne, *de la pluie ?*
Et j'entends des gémissements !
Et l'on pleure au milieu de tant d'amusements ?
— Ah ! dit l'enfant, toujours m'amuser, ça m'ennuie ! »

**Sans labeur,
Court bonheur !**

Louis Ratisbonne.

(*Les petites femmes.*)

## MAXIME

**L'ennui est une maladie dont le travail est le remède.**

## CONSEILS PÉDAGOGIQUES

**Explication du morceau.** — C'est une histoire de tous les jours ; il est prouvé qu'on se fatigue plus vite de jouer que de travailler. Car le jeu n'est qu'un repos de l'esprit, tandis que le travail, le labeur, est la source constante d'une joie véritable par les résultats utiles qu'il procure à ceux qui l'aiment.

L'auteur a donc bien raison de dire que sans labeur, le bonheur qu'on éprouve n'est pas de longue durée.

**Explication des mots.** — *Lippée*, repas de mets friands. — *Coupe*, vase à larges bords et de peu de hauteur. Ce mot est employé ici au figuré, car en réalité on ne boit pas la joie. — *A bout de voie*, c'est-à-dire à bout de chemin, ne sachant plus où aller ni quoi faire. — *De la pluie!* expression figurée, pour *des larmes*.

**Diction.** — Ne vous arrêtez pas à la fin d'un vers lorsqu'il n'y a aucun signe de ponctuation. Dites : *Elle avait tour à tour noué, | puis dénoué la robe et les cheveux*, etc.

Peignez bien l'air ennuyé et chagrin de la petite fille; faites sentir dans la diction, son hésitation, son bâillement, ses soupirs. Faites ressortir l'exclamation de la bonne qui doit être dite avec un air d'étonnement ironique.

---

# LE VIOLON

Il était une fois un monsieur qui jouait du violon.

Ce monsieur avait un fils qui se nommait Justin, et le petit garçon était bien heureux quand son papa lui jouait des airs de sa connaissance, tels que *Marlborough, le Roi Dagobert, Au clair de la lune*.

Alors Justin chantait, et le père accompagnait doucement la petite voix sur le violon. C'était très joli, et ne semblait pas du tout difficile.

Le papa n'avait qu'à placer le haut du violon entre son menton et sa poitrine; prendre le manche de l'instrument dans sa main gauche, dont les doigts touchaient les cordes l'une après l'autre; puis de la main droite prendre l'*archet*, et le promener sur le milieu des cordes comme ceci : en haut, en bas, en haut, en bas. Et le violon chantait tout ce qu'on voulait ! Cela paraissait si simple et si facile à exécuter, que l'enfant voulut jouer à son tour.

— Donne, mon père, lui dit-il, donne ton violon, que je joue : *Au clair de la lune, mon ami Pierrot.*

Le père donna son violon, et le petit garçon le posa très adroitement comme il avait vu son père : le haut entre le menton et la poitrine, le manche dans la main gauche, l'archet dans la main droite ; une ! deux ! puis il joua !...

Mais quelle chose affreuse on entendit ! Au lieu du joli chant qu'on lui demandait, le violon ne fit que grincer, ronfler, crier, grogner, hurler !... Cela déchirait si horriblement les oreilles que le petit garçon, tout effrayé, courut rendre le violon à son père en lui disant :

— Mais, papa, que faut-il donc faire pour qu'un violon chante de beaux airs ?

— C'est bien simple, mon enfant, répondit le père. **il faut apprendre à le faire chanter.**

M<sup>me</sup> PAPE-CARPANTIER.

## MAXIME

### Sans un peu de travail on n'a point de plaisir.

### CONSEILS PÉDAGOGIQUES

**Explication du morceau.** — La plupart des enfants sont aussi naïfs que ce petit joueur de violon.

Voient-ils un artisan au travail, ils s'imaginent, en le regardant faire, qu'ils pourront manier l'outil aussi bien que lui. Et plus l'ouvrier est habile et naturel, plus la besogne qu'il exécute semble facile aux jeunes spectateurs.

A peine ont-ils essayé, qu'ils se trouvent aux prises avec des difficultés qu'ils n'avaient pas prévues.

Oui, pour qu'un violon chante de beaux airs, il faut apprendre à le faire chanter : pour faire l'apprentissage d'une profession, il faut du temps, de la patience et beaucoup de bonne volonté. Tout cela, mais pas plus que cela.

**Explication des mots.** — *Marlborough, le roi Dagobert*, etc., airs populaires, dont le premier date du commencement du xviii<sup>e</sup> siècle ; l'origine du second n'est pas connue. — *Archet*, baguette garnie de crins qui fait vibrer les cordes du violon.

**Diction.** — MODULATION DE LA VOIX OU EXPRESSION. — Dans la lecture ou dans la récitation d'un morceau de ce genre, la voix passe par une suite presque constante de modulations légères pour la plupart, accentuées quelquefois, et dans tous les cas rendant l'expression naturelle des idées qui se succèdent. Rien n'est plus fastidieux qu'une lecture monotone, variée seulement par une chute profonde à la fin des phrases ; rien n'est plus grotesque qu'une exagération d'expression, qu'une voix enflée outre mesure, qu'un ton qui n'est pas naturellement approprié à l'idée que l'on exprime.

Commencez le morceau ci-dessus simplement, en modulant légèrement votre voix ; prononcez sur le ton du commandement : *en haut | en bas* ; dites : *une ! | deux !* | comme le dirait un maître de chant battant la mesure. Dites sans arrêt et en précipitant progressivement : *grincer, ronfler, crier, grogner, hurler...*

La réponse du père, qui renferme la morale, se dit d'un ton calme et simple.

# LE RENARD ET LES RAISINS

Certain renard gascon, d'autres disent normand,
Mourant presque de faim, vit au haut d'une treille
   Des raisins mûrs *apparemment*,
   Et couverts d'une peau *vermeille*.
Le galant en eût fait volontiers un repas ;
   Mais comme il n'y pouvait atteindre :
**Ils sont trop verts**, dit-il, et bons pour des *goujats*.
   **Fit-il pas mieux que de se plaindre ?**

LA FONTAINE.

## MAXIME

**Il faut faire contre mauvaise fortune bon cœur.**

## CONSEILS PÉDAGOGIQUES

**Explication de la fable.** — Toute courte qu'elle est, cette fable renferme un enseignement très précieux

Quand nous avons reconnu l'impossibilité de posséder une chose qui excitait notre désir, au lieu de faire entendre de vaines plaintes, prenons-en notre parti, et, comme le renard, tâchons de trouver dans l'objet quelque défaut qui nous le fasse moins regretter.

C'est agir en sage, ou, comme on dit, en philosophe, que de savoir supporter un échec avec résignation.

Remarquons que l'expression « *ils sont trop verts* » est passée en proverbe. C'est un trait qu'on lance malignement à ceux qui affectent de marquer du mépris pour une chose qu'ils ne peuvent avoir.

**Explication des mots.** — *Apparemment*, d'après les apparences, sans doute. — *Vermeille*, d'un rouge éclatant. Ne pas confondre avec la couleur jaune du vermeil (argent doré). — *Goujat*, autrefois valet d'armée. La Fontaine a dit autre part : *Mieux vaut goujat debout qu'empereur enterré*. — *Fit-il pas mieux* pour *ne fit-il pas mieux*.

**Diction.** — Faites sentir finement l'allusion du dernier vers. Dites d'un ton dédaigneux : *Ils sont trop verts*, etc.

---

# UNE BONNE SERVANTE

O ma vieille servante aux épaules penchées,
Toi qui savais si bien, quand j'étais tout petit,
Calmer en souriant mes douleurs *épanchées* !
Toi qui vis partir ceux que la mort engloutit.

Toi qui partageas tout, ma douleur et ma joie !
Toi que rien n'a lassée et dont le dévouement,

Depuis trente-deux ans, a marché dans ma voie,
Sans hésiter jamais, sans faiblir un moment !

Toi qui respectas tout, injustice et caprice,
Du jour où tu m'as pris dans ton bras jeune et fort,
La lèvre humide encor du lait de ma nourrice,
Le lendemain du jour où mon père était mort ;

Toi qui, vieille à cette heure et par les ans courbée,
Restes auprès de moi, comme un témoin vivant
De toute chose, hélas ! sous le temps *succombée*,
De tout ce qu'ont brisé les jours en se suivant !

Ton vieux cœur dévoué, sans tendresse importune,
Ignorant *l'intérêt* et les calculs méchants,
A suivi ma mauvaise et ma bonne fortune
Pas à pas, m'entourant toujours de soins touchants.

Chacun de mes chagrins, ou faux ou légitimes,
A fait couler des pleurs de tes yeux attristés ;
Tu sus prendre ta part dans mes *drames intimes;*
**Tu fus inébranlable en mes adversités.**

MAXIME DUCAMP.

*(Chants modernes.)*

## MAXIME

### Les bons maîtres font les bons serviteurs.

### CONSEILS PÉDAGOGIQUES

**Explication du morceau.** — Le poète chante le long dévouement de sa vieille servante, qui l'a vu grandir, qui a partagé ses joies et ses peines et qui vraisemblablement lui restera fidèle jusqu'à la mort.
Non seulement il nous faut admirer les beaux vers de ce morceau, mais encore le sentiment de reconnaissance qui a poussé le poète à les écrire.

**Explication des mots.** — *Épanchées,* c'est-à-dire exhalées par des cris, des pleurs. — *Succombée,* ce participe s'emploie rarement sans l'auxiliaire avoir. — *L'intérêt,* c'est-à-dire ici l'amour de l'argent. — *Drames intimes,* événements fâcheux qui se rapportent à l'auteur lui-même. — *Adversités,* malheurs, infortunes.

**Diction.** — Ne faites jamais de pause après le mot *qui,* bien qu'il y ait une virgule ; la pause se fait avant. Ex : *Toi* | *qui vieille à cette heure et par les ans courbée,* etc.
Ce morceau doit être dit d'un ton pensif, ému et un peu attristé. Ne vous arrêtez pas après *ma bonne fortune.* Appuyez un peu sur les vers où l'auteur sent la reconnaissance déborder.

# UNE HABITATION RUSTIQUE

Il y avait une maison d'habitation antique et *délabrée*, mais qui me semblait admirable, à cause du grand lierre et des moineaux nichés dans les trous ; à côté, un jardin tout petit, mais commode ; plus loin, un verger, peuplé de vieux arbres, sous lesquels mon père et mes oncles ont mené paître, tour à tour, l'unique vache de la famille. Ajoutez à cela un petit carré de pommes de terre, une vigne, enfin une *chènevière* où l'on admirait le roi des cerisiers, dont les fruits mûrs me transportaient au septième ciel. Du plus loin qu'il m'en souvienne, je vois mon grand-père et ma grand'mère, levés avant le jour, cheminant chacun de son côté, vers une besogne ou une autre. C'est grand'maman qui faisait le pain et la cuisine ; elle filait, cousait, tricotait, lavait et repassait avec la *dextérité* d'une fée. Et il faut croire que le bonhomme de grand-père n'était pas maladroit non plus, car pour fabriquer une échelle, réparer une tonne ou un cuveau, ajuster une vitre, il ne s'adressait qu'à lui-même. Ils étaient donc à l'aise sans argent, leur superflu s'écoulait chez mes oncles et chez mon père, en paniers de fruits, en rayons de miel ou en fromages salés, et **jamais un mendiant ne frappait à leur porte sans recevoir un morceau de pain.**

Edmond About.

MAXIME

**La charité est la plus belle des vertus.**

## CONSEILS PÉDAGOGIQUES

**Analyse du morceau.** — On ne peut peindre avec plus de charme et plus de simplicité et d'une manière plus complète et plus vraie une habitation rustique de la campagne.

Tout est vivant dans ce tableau, les moineaux, la vache, et le grand-père qui fabrique ses ustensiles ou instruments, et la grand'mère qui fait le pain, file, coud, tricote, lave, repasse « avec la dextérité d'une fée ».

Ce bonheur ne serait pas complet si la charité n'avait sa place au fond du cœur de ces bons vieux grands-parents ; aussi « jamais un pauvre ne frappe à leur porte sans recevoir un morceau de pain ».

**Explication des mots.** — *Délabrée*, détériorée, presque hors d'état de servir. — *Chènevière*, champ semé de chènevis d'où pousse le *chanvre*. (De l'écorce du chanvre, on fait le fil et la toile.) — *Dextérité*, adresse, habileté des mains.

**Diction.** — L's, le *t*, le *z* et l'*x* se lient au mot suivant quand ce mot commence par une *voyelle* ou une *h* muette. Observez bien cette règle dans les expressions : *Il y avait une maison, peuplée de vieux arbres, ajoutez à cela, levés avant le jour*, etc.

Toutefois, il est des cas où la liaison de l's serait désagréable à l'oreille ; il faut alors l'éviter. Ne dites donc pas : *sous lesquels mon père et mes* ONCLESONT... ; s'écoulait chez mes ONCLESET chez mon père, etc.

Dites ce morceau sur un ton simple, en soutenant bien votre voix et en appuyant un peu sur les expressions : *le roi des cerisiers, au septième ciel*, et les deux dernières lignes en italique qui doivent être dites d'un ton plus grave.

---

# LE HÉRON

Un jour sur ses longs pieds, allait je ne sais où,
Le héron au long bec emmanché d'un long cou.
  Il côtoyait une rivière.
L'onde était transparente ainsi qu'aux plus beaux jours ;
Ma commère la carpe y faisait mille tours
  Avec le brochet son compère.
Le héron en eût fait aisément son profit :
Tous approchaient du bord ; l'oiseau n'avait qu'à prendre.
  Mais il crut mieux faire d'attendre
  Qu'il eût un peu plus d'appétit.
Il *vivait de régime* et mangeait à ses heures.
Après quelques moments l'appétit vint : l'oiseau,
  S'approchant du bord, vit sur l'eau
Des tanches qui sortaient du fond de ces demeures.
Le mets ne lui plut pas ; il s'attendait à mieux,
  Et montrait un goût dédaigneux,
  Comme *le rat du bon Horace.*
« Moi des tanches ! dit-il ; moi, héron, que je fasse
Une si pauvre chère ! Et pour qui me prend-on ? »

La tanche rebutée, il trouva du goujon.
Du goujon ? c'est bien là le dîner d'un héron !
J'ouvrirais pour si peu le bec, aux dieux ne plaise !
Il l'ouvrit pour bien moins : tout alla de façon
     Qu'il ne vit plus aucun poisson.
La faim le prit : il fut tout heureux et tout aise
    De rencontrer un limaçon.

  **Ne soyons pas si difficiles.**
**Les plus accommodants, ce sont les plus habiles :**
**On hasarde de perdre en voulant trop gagner.**
  **Gardez-vous de rien dédaigner.**

LA FONTAINE.

## MAXIME

### Qui veut trop n'a rien.

### CONSEILS PÉDAGOGIQUES

**Analyse de la fable.** — Cette fable, l'une des plus belles de La Fontaine, est une leçon pour les gens importants, dédaigneux, difficiles, qui méprisent les petits moyens et veulent d'emblée arriver à leur but.

Tel serait un commerçant qui renverrait ses pratiques quand elles n'auraient à faire qu'une modeste dépense. Il courrait grand risque d'être obligé en peu de temps de fermer boutique.

Quant à la poésie, elle est admirable de vérité et de finesse. Quelle peinture que les deux premiers vers ! C'est bien là l'oiseau chez lequel tout est long, les pieds, le bec, le cou ! Notre héron prétentieux « vivait de régime et mangeait à ses heures », aussi dédaigne-t-il les carpes et les brochets qui s'approchent du bord. Un cri d'indignation ridicule lui échappe lorsqu'il aperçoit les tanches : « Moi, héron, que je fasse une si pauvre chère ! » Quoi qu'il en soit, il est heureux, à la fin, de rencontrer un limaçon, et tout penaud, tout honteux, il doit le manger en se cachant.

**Explication des mots.** — *Vivait de régime,* allusion aux malades ou soi-disant tels qui mangent à des heures réglées et de certains mets seulement. — *Le rat du bon Horace,* le poëte latin Horace parle, dans l'une de ses satires, d'un rat dédaigneux et superbe qui ne touche aux mets que d'une seule dent.

**Diction.** — LES PAUSES NON INDIQUÉES. — Bien qu'il n'y ait pas de ponctuation, ne réunissez jamais deux mots qui n'ont pas de rapport entre eux ; et, réciproquement, ne faites point de pause entre les mots unis par le sens. — Ex. : Dites : *Un jour | sur ses longs pieds allait je ne sais où |,* etc. Et non pas : *Un jour sur ses longs pieds | allait je ne sais où,* etc.

Commencez sur le ton du récit en appuyant à chaque fois sur le mot *long.* Le vers : *Il vivait de régime,* etc., doit être dit d'un ton prétentieux et important. Faites remarquer, par un jeu de physionomie, le dédain du héron pour les tanches, dédain qui diminue peu à peu et se change en mine allongée, en déception.

# LE SOIR DE LA BATAILLE

Mon père, ce héros au sourire si doux,
Suivi d'un seul *housard* qu'il aimait entre tous
Pour sa grande bravoure et pour sa haute taille,
Parcourait à cheval, le soir d'une bataille,
Le champ couvert de morts sur qui tombait la nuit.
Il lui sembla dans l'ombre entendre un faible bruit.
C'était un Espagnol de l'armée en déroute
Qui se traînait sanglant, sur le bord de la route,
*Râlant*, brisé, *livide* et mort plus qu'à moitié,
Et qui disait : « A boire ! à boire ! par pitié ! »
Mon père, ému, tendit à son housard fidèle
Une gourde de rhum qui pendait à sa selle,
Et dit : « Tiens, donne à boire à ce pauvre blessé. »
Tout à coup, au moment où le housard baissé
Se penchait vers lui, l'homme, une espèce de *Maure*,
Saisit un pistolet qu'il étreignait encore,
Et vise au front mon père, en criant : « *Caramba !* »
Le coup passa si près que le chapeau tomba,
Et que le cheval fit un écart en arrière.
**« Donne-lui tout de même à boire, »** dit mon père.

Victor Hugo.

## MAXIME

**Rendez le bien pour le mal.**

### CONSEILS PÉDAGOGIQUES

**Réflexions sur la poésie.** — Victor Hugo raconte une scène dont son père, général dans les guerres d'Espagne du premier empire fut le héros.

Certes, il serait injuste de méconnaître le patriotisme farouche de l'Espagnol, dont la haine se réveille en reconnaissant un ennemi de son pays ; mais, combien est plus grande, plus noble, plus magnanime la conduite du général Hugo, faisant taire sa colère et n'écoutant que la voix de l'humanité en présence de cet ennemi désarmé.

**Explication des mots.** — *Housard,* en français *hussard,* soldat de cavalerie légère. — *Râlant.* Le râle est le bruit rauque, enroué, que font entendre les agonisants en respirant. — *Livide,* ayant le visage de couleur plombée, tirant sur le noir. — *Maures* ou *Mores* nom donné aux peuples d'origine arabe. — *Caramba !* juron espagnol.

**Diction.** — Dites ce morceau sur le ton du récit en nuançant bien les paroles du blessé et celles du général français. Pressez : *Tout à coup, au moment,* etc. Dites le dernier vers avec beaucoup de calme et de mansuétude.

# LE DRAPEAU

L'armée française, après une sanglante bataille où nos soldats avaient lutté un contre trois, venait d'être enveloppée dans la ville de Sedan. Pendant que les chefs *parlementaient* avec l'ennemi, le colonel Tripart, du 5ᵉ dragons, rassemble ses quatre cents hommes, officiers et soldats, et leur adresse ces paroles : « Camarades, le *drapeau blanc* flotte sur les remparts ; il ne nous reste que deux *issues*, ou nous déshonorer en rendant nos armes et le drapeau du régiment, ou tenter de percer les lignes ennemies, c'est-à-dire courir à une mort certaine. Je suis résolu à prendre ce dernier parti. Que ceux-là me suivent qui préfèrent comme moi la mort glorieuse du champ de bataille à la honte de la captivité. »

A ces mots, un frisson *d'enthousiasme* parcourt les rangs. Tous ces braves s'écrient : « Nous vous suivrons partout où vous nous conduirez. » La nuit venue, le régiment se forme sans bruit ; le colonel fait démonter le drapeau et le roule autour de son corps ; puis les escadrons s'élancent au galop, sabrent les avant-postes prussiens, franchissent les lignes sous une terrible fusillade, pénètrent en Belgique dont ils suivent pendant quelque temps la frontière, et, par un brusque détour, reviennent sur le territoire français. Arrivés là, ils se comptèrent. La moitié du régiment manquait à l'appel, **mais le drapeau était présent et l'honneur était sauf.**

Ed. Rocherolles.

*(Cours moyen de grammaire.)*

## MAXIME

**Trahir, déserter, livrer le drapeau, sont les plus abominables crimes pour le soldat.**

## CONSEILS PÉDAGOGIQUES

**Réflexions sur le morceau.** — C'est la narration d'un acte de bravoure, d'audace et de patriotisme qui mérite de passer à la postérité.

Quel mâle langage que celui du colonel, et que les soldats doivent être heureux d'obéir à un pareil chef ! On éprouve un véritable soulagement en voyant le brave colonel réussir dans cette audacieuse entreprise et sauver le drapeau et l'honneur de son régiment.

**Explication des mots.** — *Parlementaient,* c'est-à-dire étaient en pourparlers pour la reddition de la place. — *Drapeau blanc,* signal arboré par une ville assiégée qui demande à se rendre. — *Issues,* c'est-à-dire moyens de sortir de l'état où ils se trouvaient. — *Enthousiasme,* sorte de transport qui pousse à des actes extraordinaires.

**Diction.** — Élevez la voix et dites d'un ton d'énergie froide l'apostrophe du colonel à ses soldats : *Camarades,* etc. La réponse est faite sur le ton de la bravoure enthousiaste : *Nous vous suivrons partout,* etc. Activez le débit pendant la marche des escadrons, pour imiter leur précipitation ; puis arrêtez-vous assez longuement après les mots : *territoire français.* La fin doit être dite d'un ton calme et assuré.

# LE LIÈVRE ET LA TORTUE

**Rien ne sert de courir : il faut partir à point.**
Le lièvre et la tortue en sont un témoignage.
« Gageons, dit celle-ci, que vous n'atteindrez point
Sitôt que moi ce but. — Sitôt, êtes-vous sage ?
　　Repartit *l'animal léger :*
　　Ma commère il vous faut purger
　　Avec quatre grains d'*ellébore.* —
　　Sage ou non, je parie encore. »
　　Ainsi fut fait, et de tous deux
　　On mit près du but les enjeux,
　　Savoir quoi, ce n'est pas l'affaire,
　　Ni de quel juge l'on convint.
Notre lièvre n'avait que quatre pas à faire.
J'entends de ceux qu'il fait lorsque, près d'être atteint,
Il s'éloigne des chiens, les renvoie aux *calendes.*
　　Et leur fait arpenter les landes.

Ayant, dis-je, du temps de reste pour brouter,
    Pour dormir et pour écouter
D'où vient le vent, il laisse la tortue
    Aller son train de sénateur.
    Elle part, elle *s'évertue*,
    Elle se hâte avec lenteur.
Lui cependant méprise une telle victoire,
    Tient la *gageure* à peu de gloire,
    Croit qu'il y va de son honneur
    De partir tard. Il broute, il se repose :
    Il s'amuse à toute autre chose
    Qu'à la gageure. A la fin, quand il vit
Que l'autre touchait presque au bout de la *carrière*,
Il partit comme un trait ; mais les élans qu'il fit
Furent vains : la tortue arriva la première.
« Eh bien ! lui cria-t-elle, *avais-je* pas raison ?
    De quoi vous sert votre vitesse ?
    Moi l'emporter ! et que serait-ce
    Si vous portiez une *maison* ? »

La Fontaine.

## MAXIME

**Ne gaspillez pas le temps, c'est l'étoffe dont la vie est faite.**

### CONSEILS PÉDAGOGIQUES

**Explication de la fable.** — Cette fable s'adresse aux imprévoyants et aux présomptueux, c'est-à-dire à ceux qui font fi de l'exactitude ou qui comptent trop sur leurs propres forces. En même temps, elle est une louange à l'égard des gens sensés qui se font une règle d'être exacts, ponctuels, et qui apportent une sage lenteur dans tout ce qu'ils font.

Ne vous dites donc point : « L'heure du devoir est arrivée, mais j'ai le temps de me mettre à l'œuvre ; je sais ce que j'ai à faire et j'aurai vite terminé ». Ce raisonnement fatal vous exposera dans presque tous les cas, à faire mal et à être encore en route quand depuis longtemps vos camarades seront arrivés au but.

**Explication des mots.** — *L'animal léger*, c'est-à-dire le lièvre. La Fontaine n'envisage pas ici le poids de l'animal, mais la vitesse de sa course. — *Ellébore*, herbe à laquelle les anciens attribuaient la propriété de guérir de la folie. — *Calendes*, le premier jour du mois chez les Romains. Les Grecs ne comptaient point par calendes, c'est pourquoi, il faudrait ici *aux calendes grecques*, c'est-à-dire à une époque qui n'arrivera jamais. — *S'évertue*, s'excite, fait des efforts. — *Gageure*, prononcez *gajure*. — *Carrière*, les anciens donnaient ce nom à l'espace entouré de barrières où s'exécutaient les courses à cheval ou en char. — *Avais-je pas*, pour n'avais-je pas. — *Maison*, allusion à l'écaille de la tortue qui, pour elle, est une véritable maison.

**Diction.** — Toutes les syllabes sonores doivent être prononcées avec leur valeur phonétique, et en particulier les é fermés et les è ouverts, les voyelles longues et les voyelles brèves. Ex : *Lièvre, êtes, commère,* carrière, è ouvert ; *léger, ellébore, écouter,* é fermé ; *sitôt, hâte,* voyelles longues ; *sage, but,* voyelles brèves.

Commencez le morceau sur le ton de la conversation piquante. Montrez, par un débit plus lent, les efforts de la tortue dans les vers : *Elle part | elle s'évertue | elle se hâte,* etc.

Les quatre derniers vers doivent être dits d'un ton de satisfaction mêlé de pitié.

---

## LE GRILLON

Un pauvre petit grillon,
Caché dans l'herbe fleurie,
Regardait un papillon
Voltigeant dans la prairie.
L'insecte *ailé* brillait des plus vives couleurs :
L'azur, *le pourpre et l'or* éclataient sur ses ailes :
Jeune, beau, *petit-maître,* il court de fleurs en fleurs,
Prenant et quittant les plus belles.
« Ah ! disait le grillon, que son sort et le mién
Sont différents. Dame Nature
Pour lui fit tout, et pour moi rien.
Je n'ai point de talent, encor moins de figure ;
Nul ne prend garde à moi, *l'on m'ignore* ici-bas :
Autant vaudrait n'exister pas. »
Comme il parlait, dans la prairie
Arrive une troupe d'enfants :
Aussitôt les voilà courants
Après ce papillon dont ils ont tous envie.
Chapeaux, mouchoirs, bonnets servent à l'attraper,
L'insecte vainement cherche à leur échapper ;
Il devient bientôt leur conquête.
L'un le saisit par l'aile, un autre par le corps ;
Un troisième survient, et le prend par la tête :
Il ne fallait pas tant d'efforts
Pour déchirer la pauvre bête.
« Oh ! oh ! dit le grillon, je ne suis plus fâché ;
Il en coûte trop cher pour briller dans le monde.
Combien je vais aimer ma retraite profonde ! »

**Pour vivre heureux, vivons caché.**

FLORIAN.

MAXIME

**Qui borne ses désirs est toujours assez riche.**

## CONSEILS PÉDAGOGIQUES

**Explication de la fable.** — Il ne faut pas prendre à la lettre la maxime de l'auteur « pour vivre heureux, vivons caché ». Florian n'a pas voulu dire que le bonheur consiste à se cacher aux regards des hommes et à vivre dans une solitude complète. Le grillon, d'ailleurs, n'est pas caché pour tous les insectes.

La véritable pensée de la fable est celle-ci : Les gens véritablement heureux ne sont pas ceux qui brillent dans le monde où beaucoup de déceptions les attendent, mais ceux qui se contentent des joies simples et pures du foyer domestique.

**Explication des mots.** — *L'insecte ailé*, c'est-à-dire le papillon, car le grillon aussi a des ailes. — *L'azur*, couleur bleu de ciel ; *le pourpre*, rouge foncé ; *l'or* jaune éclatant. — *Petit-maître*, on nommait ainsi, au temps de La Fontaine, les jeunes gens d'une élégance recherchée et qui affectaient des airs avantageux. Ce mot a vieilli. — *L'on m'ignore*, l'on ignore que j'existe.

**Diction.** — PRONONCIATION DU MOT *les*. — L'*e* du mot *les* est ouvert, comme dans *tête, bête*. Prononcez donc : *Prenant et quittant lès plus belles; aussitôt lès voilà courants*, et non pas : *lé plus belles, lé voilà*, etc.

Faites bien ressortir dans la récitation de cette fable, la beauté, l'éclat du papillon. Lorsque le grillon parle, prenez un ton plaintif et découragé. Activez un peu le débit pendant la chasse. Les dernières paroles du grillon doivent être dites d'un ton étonné mélangé de satisfaction.

---

# FRITZ OU LA POLITESSE
# D'UN ENFANT

Fritz était un garçon de quinze ans. Un jour il était allé voir un vieil oncle et une vieille tante qui habitaient l'Alsace. Vous pensez si les braves gens lui firent fête. On lui donna un verre de cerises, tout plein jusqu'au bord. En le servant, l'oncle Jacques lui disait : « Tu es bien heureux de pouvoir en manger ; c'est ma femme qui les a faites, tu vas goûter quelque chose de bon ! » Hélas ! la bonne tante les avait faites, mais elle avait oublié le sucre. Que voulez-vous? elles étaient atroces, les cerises ! Mais cela n'empêcha pas Fritz de les manger jusqu'au bout, *sans sourciller*.

Il aima mieux avaler les cerises que de faire de la peine à ses *hôtes*, en leur laissant voir qu'elles étaient mauvaises. **C'était un garçon poli, bien élevé et qui avait bon cœur.** (D'après A. DAUDET.)

ED. ROCHEROLLES.

*(Cours moyen de grammaire.)*

### MAXIME

**Les enfants polis sont aimés de tout le monde.**

## CONSEILS PÉDAGOGIQUES

**Réflexions sur le morceau.** — Ne trouvez-vous pas que ce petit morceau est admirable? On est heureux de rencontrer dans un jeune garçon un pareil sentiment de délicatesse. La noblesse de cœur est une qualité éminemment française et c'est bien la plus belle de toutes les qualités.

Remarquons aussi la simplicité et la clarté avec lesquelles cette petite anecdote est racontée. Il n'y a pas un mot de trop et tous les mots portent : c'est un excellent modèle de style pour les narrations.

**Explication des mots.** — *Sans sourciller,* sans paraître ému. — *Hôte* désigne indifféremment celui qui donne ou celui qui reçoit l'hospitalité.

**Diction.** — Continuez d'appliquer le principe de prononciation du mot *les.* Dites en ouvrant bien la bouche : *lês braves gens, lês a faites, de lês manger,* et non pas : *lès braves gens, lès a faites,* etc.

Rendez bien l'air de malice naïve de l'oncle Jacques, lorsqu'il dit : *Tu es bien heureux de pouvoir en manger* **!!**, etc. Le ton passe ensuite de la déception à la résignation, etc.

---

# TRAVAILLONS

Mes enfants, il faut qu'on travaille;
Il faut tous, dans le droit chemin,
*Faire* un métier, *vaille que vaille,*
Ou de l'esprit ou de la main.

La fleur travaille sur la branche;
Le lis, dans toute sa splendeur,
Travaille à sa tunique blanche;
L'oranger, à sa douce odeur !

Voyez cet oiseau qui voltige
Vers ces brebis, sur ces buissons.
N'a-t-il rien qu'un joyeux *vertige?*
Ne songe-t-il qu'à ses chansons?

Il songe aux petits qui vont naître,
Et leur prépare un nid bien doux ;
Il travaille, il souffre peut-être,
Comme un père l'a fait pour vous.

Ce bon cheval qui vous ramène
Sur les sentiers grimpants des bois ;
Croyez-vous qu'il n'ait point de peine
A vous porter quatre à la fois ?

Entendez crier la charrue
Tout près de vous, là dans ce champ ;
Voici l'attelage qui sue
Et qui fume au soleil couchant.

Là-bas, le chien s'élance, aboie,
Et poursuit brebis et béliers...
Croyez-vous donc que c'est de joie,
Qu'il folâtre sous les *halliers?*

Il va, grondé, battu peut-être,
De l'un à l'autre en s'essoufflant ;
Il va, sur un signe du maître,
Rassembler le troupeau bêlant.

Mais qui bourdonne à mes oreilles?
Regardez bien : vous pourrez voir
Nos chères petites abeilles
Qui *butinent* dans le blé noir.

C'est pour vous que ces ouvrières
Travaillent de tous les côtés ;
Sur les jasmins, sur les bruyères,
Elles vont cueillir vos goûters !

Il n'est point de peine perdue,
Et point d'inutile devoir ;
La récompense nous est due
Si nous savons bien le vouloir !

Le moindre effort l'accroît sans cesse,
Surtout s'il a fallu souffrir.
**Travaillez donc et sans faiblesse ;**
**Ne plus travailler, c'est mourir.**

V. DE LAPRADE.

## MAXIME

**Un homme de bon sens travaille en sa jeunesse,
Pour passer en repos une heureuse vieillesse.**

### CONSEILS PÉDAGOGIQUES

**Explication de la fable.** — De quelque côté que nous tournions nos regards, nous voyons des êtres se mouvoir, s'empresser, chercher, travailler. C'est un concert auquel prennent part les fleurs, les insectes, les oiseaux, les animaux domestiques, comme le montre l'auteur de cette charmante poésie.

Imitez, enfants, l'exemple que vous offre la nature tout entière. Le paresseux est un être inutile, nuisible même ; c'est une sorte de branche morte sur un arbre vigoureux. Travaillez pour montrer que vous avez le désir d'être utiles à vos semblables et à vous-mêmes, pour montrer que vous pensez, quevous vivez enfin, car

*Ne plus travailler, c'est mourir.*

**Explication des mots.** — *Vaille que vaille*, tant bien que mal, quelle que soit la valeur du travail produit. — *Vertige*, tournoiement de tête, étourdissement. — *Halliers*, buissons épais. — *Butinent*, font du butin, c'est-à-dire pompent avec profit le suc des fleurs.

**Diction.** — Prononciation des mots *des, mes, tes, 'ses, ces, tu es, il est, c'est.* — Les monosyllabes, *des, mes, tes,* etc., se prononcent comme *les.* Dites en ouvrant bien la bouche : *Mès enfants, cès brebis, cès buissons, sès chansons, lès sentiers grimpants dès bois*, etc.

Dites ce morceau d'un ton convaincu et d'une voix chaude et entraînante que vous adoucirez un peu au passage où il est question des abeilles.

---

## LA SIESTE DE JEANNE

Quand toute la nature écoute et se recueille,
Vers midi, quand les nids se taisent, quand la feuille
La plus tremblante oublie un instant de frémir,
Jeanne a cette habitude aimable de dormir ;
Et la mère un moment respire et se repose,
Car on se lasse, même à servir une rose...
Ses beaux petits pieds nus dont le pas est peu sûr

Dorment ; et son berceau, qu'entoure un vague azur
Ainsi qu'une *auréole* entoure une immortelle,
Semble un nuage fait avec de la dentelle ;
On croit, en la voyant dans ce frais berceau-là,
Voir une lueur rose au fond d'un *falbala ;*
On la contemple, on rit, on sent fuir la tristesse,
Et c'est un astre, ayant de plus la petitesse ;
L'ombre, amoureuse d'elle, a l'air de l'adorer ;
Le vent retient son souffle et n'ose respirer.
Soudain, dans l'humble et chaste alcôve maternelle,
Versant tout le matin qu'elle a dans sa prunelle,
Elle ouvre la paupière, étend un bras charmant,
Agite un pied, puis l'autre, et, si divinement
Que des fronts dans l'azur se penchent pour l'entendre.
Elle gazouille... — Alors, de sa voix la plus tendre,
Couvant des yeux l'enfant que Dieu fait rayonner,
Cherchant le plus doux nom qu'elle puisse donner
A sa joie, à son ange en fleur, à sa chimère :
— Te voilà réveillée, *horreur !* lui dit sa mère.

Victor Hugo.

*(L'Art d'être grand-père.)*

## MAXIME

**Rien ne peut remplacer les soins d'une mère.**

### CONSEILS PÉDAGOGIQUES

**Analyse de la poésie.** — C'est une page d'une fraîcheur délicieuse dont le grand poète trouva l'inspiration dans l'amour de ses petits-enfants.

Quels vers charmants ! Quelle délicatesse que ce berceau, « nuage fait avec de la dentelle », et cette enfant « lueur rose au fond d'un falbala ».

On sent percer sous ces vers la bonté, l'admiration, la tendresse, l'âme tout entière du grand poète.

**Explication des mots.** — *Sieste,* sommeil auquel on se livre pendant la chaleur du jour. — *Auréole,* cercle lumineux que l'on figure au-dessus de la tête des saints. — *Falbala,* étoffe plissée ou bouillonnée pour orner les robes. — *Horreur !* ironie charmante que les mères se permettent souvent avec leurs enfants. Elles disent aussi, quelquefois, *mauvais sujet,* tout en les contemplant avec tendresse.

**Diction.** — Dites ce morceau avec beaucoup de grâce et de délicatesse. Le vers : *le vent retient son souffle,* etc., est dit presque à voix basse. Faites bien sentir les mouvements successifs de l'enfant qui s'éveille. Le mot *gazouille* doit être modulé doucement. Quant au dernier vers, dites-le en souriant, avec le mouvement de tête de la mère qui excite le petit enfant.

Prononcez bien *alcôve* et non *alcove.*

# L'OISEAU-MOUCHE

De tous les êtres animés, voici le plus élégant pour la forme et le plus brillant pour les couleurs. Les pierres et les métaux polis par notre art ne sont pas comparables à ce bijou de la nature : elle l'a placé dans l'ordre des oiseaux au dernier degré de l'échelle de grandeur ; son *chef-d'œuvre* est le petit oiseau-mouche ; elle l'a comblé de tous les dons qu'elle n'a fait que partager aux autres oiseaux : légèreté, rapidité, prestesse, grâce et riche parure, tout appartient à ce petit *favori*. L'*émeraude*, le *rubis*, la *topaze*, brillent sur ses habits : il ne les souille jamais de la poussière de la terre ; et, dans sa vie tout *aérienne*, on le voit à peine toucher le gazon par instants ; il est toujours en l'air, volant de fleurs en fleurs ; il a leur fraîcheur comme il a leur éclat ; il vit de leur *nectar*, et n'habite que les climats où sans cesse elles se renouvellent.

Buffon.

## MAXIME

**La nature comble souvent les plus petits de ses dons.**

## CONSEILS PÉDAGOGIQUES

**Analyse du morceau.** — Buffon, qui a décrit dans un style incomparable les animaux, leurs instincts et leurs mœurs, s'est surpassé dans le charmant tableau qu'il trace de l'oiseau-mouche.

C'est bien là le « bijou de la nature », la fleur vivante, légère et rapide, parée d'« émeraude », de « rubis », de « topaze », c'est-à-dire de ces couleurs éclatantes, dont sont revêtues les plus belles fleurs.

Comme le papillon, l'oiseau-mouche cherche au fond d'un calice odorant ce « nectar », ce suc délicat dont il fait sa nourriture. C'est pourquoi on ne le trouve que dans les pays intertropicaux, où les fleurs sont nombreuses et renaissent sans cesse.

**Explication des mots.** — *Chef-d'œuvre*, l'ouvrage le plus parfait d'un auteur. — *Favori*, préféré. — *Émeraude*, pierre précieuse de couleur verte ; *rubis*, de couleur rouge ; *topaze*, jaune. — *Aérienne*, qui a rapport à l'air. — *Nectar*, boisson délicieuse.

**Diction.** — Ce morceau doit être dit d'un ton simple, plein de charme et de délicatesse ; la voix doit être soutenue avec de légères modulations qui s'accentuent dans les énumérations : *légèreté* | *rapidité*, etc. *L'émeraude* | *le rubis*, etc.

# L'HUITRE ET LES PLAIDEURS

Un jour deux pèlerins sur le sable rencontrent
Une huître que le flot y venait d'apporter :
Ils l'avalent des yeux, du doigt ils se la montrent;
A *l'égard de la dent*, il fallut contester.
L'un se baissait déjà pour *amasser* la proie;
L'autre le pousse et dit : — Il est bon de savoir
    Qui de nous en aura la joie.
Celui qui le premier a pu l'apercevoir
En sera le *gobeur*, l'autre le verra faire.
    — Si par là l'on juge l'affaire,
Reprit son compagnon, j'ai l'œil bon, Dieu merci !
    — Je ne l'ai pas mauvais aussi,
Dit l'autre, et je l'ai vue avant vous, *sur ma vie.*
— Eh bien ! vous l'avez vue ; et moi je l'ai sentie !
    Pendant tout ce bel incident,
*Perrin Dandin* arrive : ils le prennent pour juge.
Perrin, fort gravement, ouvre l'huître et la *gruge*,
    Nos deux messieurs le regardant.
Ce repas fait, il dit d'un ton de président :
— Tenez, la *cour* vous donne à chacun une écaille
*Sans dépens;* et qu'ainsi chacun chez soi s'en aille.

Mettez ce qu'il en coûte à plaider aujourd'hui;
Comptez ce qu'il en reste à beaucoup de familles :
Vous verrez que Perrin tire l'argent à lui,
Et ne laisse aux plaideurs que *le sac et les quilles.*
LA FONTAINE.

## MAXIME

**Mauvais accommodement vaut mieux que bon procès.**

## CONSEILS PÉDAGOGIQUES

**Explication de la fable.** — Il est bon de s'adresser aux tribunaux quand, après mûre réflexion, on se croit lésé dans ses droits et qu'on juge sa cause bonne. Mais il est des gens qui ont la manie d'entamer des procès pour des différends insignifiants qui pourraient toujours s'arranger à l'amiable.

Ces plaideurs acharnés, dont se raille La Fontaine, voient souvent l'objet du litige dévoré par la justice, c'est-à-dire passer tout entier dans les frais du procès.

Remarquez l'ironie contenue dans la sentence du juge Perrin : « A chacun une écaille, sans dépens. » On ne peut se moquer plus finement des plaideurs.

**Explication des mots.** — *A l'égard de la dent,* c'est-à-dire pour savoir qui la mangerait. — *Amasser,* on dirait aujourd'hui ramasser. — *Gobeur* (vieux mot); on gobe les huîtres, c'est-à-dire on les avale vivement. — *Sur ma vie,* pour *je le jure sur ma vie.* — *Perrin Dandin,* nom emprunté à Rabelais et que Racine a employé également dans sa comédie des *Plaideurs.* — *Gruge,* c'est-à-dire la mange lentement. — *La cour,* le tribunal. — *Sans dépens,* sans frais de procès. — *Le sac et les quilles,* allusion au jeu de quilles, c'est-à-dire prend l'argent et ne laisse aux joueurs que les quilles et le sac où on les met. (Littré.)

**Diction.** — Du ton avant la citation. — Ne faites aucune inflexion de voix avant les deux points qui indiquent que l'on cite les paroles de quelqu'un, car la phrase n'est pas finie. Ainsi, dites en soutenant la voix jusqu'au bout : *L'un se baissait déjà pour amasser la proie* || *l'autre le pousse et dit :* || *Il est bon de savoir,* etc. De même : *Il dit d'un ton de président :* || *Tenez, la cour vous donne,* etc.

Animez bien le dialogue des deux pèlerins, dont la contestation devient de plus en plus mordante. Après les mots *à chacun une écaille* arrêtez-vous finement pour bien faire ressortir les mots ironiques : *sans dépens.*

---

# L'ABSENT

*Sentinelle perdue* au seuil d'une chaumière,
J'aperçus deux vieillards assis à la lumière
D'un foyer tremblotant dans le sombre *réduit;*
Et tous deux s'oubliaient au milieu de la nuit;
Tous deux, le front penché, poursuivaient ce long rêve
Qu'on appelle la vie et que la mort achève.
Et la femme disait : Voici bientôt un an
Qu'il n'est plus arrivé de nouvelles de Jean.
Nous a-t-il oubliés? Que fait-il à cette heure?
Dois-je encore espérer? ou faut-il que je meure
Sans revoir mon enfant? Les riches sont heureux :
Ils gardent des enfants qui *leur ferment les yeux.*
Les pauvres, délaissés, meurent dans la souffrance!
— Nous devons, dit le vieux, notre sang à la France,
C'est notre mère à tous, elle a bâti sur nous
Sa force et sa grandeur dont le monde est jaloux.

Gémis si tu le veux, cesse de te contraindre ;
Mais Jean fait son devoir, je ne saurais le plaindre.
S'il pouvait oublier ce qu'il doit au pays,
S'il reculait jamais devant nos ennemis,
S'il désertait nos droits, s'il reniait ses pères !
Alors je verserais des larmes bien amères. »

ERCKMANN-CHATRIAN.

## MAXIME

**Riches ou pauvres, nous sommes tous soldats.**

### CONSEILS PÉDAGOGIQUES

**Réflexions sur le morceau.** — C'est une fière et patriotique réponse que celle de ce vieillard dont le fils combat et meurt peut-être pour la patrie. La gloire de servir la France et de donner son sang pour elle est assez belle pour compenser tous les regrets de l'absence.

Encourageons donc nos jeunes soldats, au lieu de les plaindre comme le font malheureusement beaucoup de mères. Pour qu'ils accomplissent sans faiblesse leur devoir sacré, il faut leur apprendre à déployer de la bravoure et non pas à verser des larmes.

**Explication des mots.** — *Sentinelle perdue*, soldat placé dans un poste avancé et dangereux. — *Réduit*, petit logement. — *Qui leur ferment les yeux*, qui assistent à leurs derniers moments.

**Diction.** — N'oubliez pas qu'il ne faut pas faire de pause à la fin d'un vers quand il n'y a aucun signe de ponctuation. Dites sans arrêt : *J'aperçus deux vieillards assis à la lumière d'un foyer*, etc. Plus loin, dites : *Tous deux | le front penché | poursuivaient ce long rêve qu'on appelle la vie*, etc. Et encore : *Elle a bâti sur nous sa force*, etc.

Prenez le ton douloureux dans les paroles de la femme, et le ton d'énergie dans celles du vieillard. Élevez graduellement la voix dans les trois vers commençant par *s'il*. Le dernier vers est dit plus bas, avec le ton de la résignation.

---

## L'ALOUETTE

L'oiseau des champs par excellence, l'oiseau du laboureur, c'est l'alouette, sa compagne assidue, qu'il retrouve dans son sillon pénible pour l'encourager, le soutenir, lui chanter l'espérance. Espoir ! C'est la vieille *devise* des Gaulois, et c'est pour cela qu'ils avaient pris comme oiseau national cet humble oiseau si pauvrement vêtu, mais si riche de cœur et de chant.

La nature semble avoir traité sévèrement l'alouette. La disposition de ses ongles la rend impropre à per-

2.

cher sur les arbres. Elle niche à terre, tout près du pauvre lièvre et sans autre abri que le sillon. Quelle vie précaire, aventurée, au moment où elle couve ! Que de soucis ! Que d'inquiétudes ! A peine une motte de gazon dérobe au chien, au milan, au faucon, le doux trésor de cette mère. Elle couve, elle élève à la hâte sa tremblante couvée. Qui ne croirait que cette infortunée participera à la *mélancolie* de son triste voisin, le lièvre ?

Cependant le contraire a lieu, par un miracle inattendu de gaieté et d'oubli facile, de légèreté, si l'on veut, et d'insouciance française.

L'oiseau national, à peine hors de danger, retrouve sa *sérénité*, son indomptable joie ; ses périls, sa vie précaire, ses épreuves cruelles n'endurcissent pas son cœur ; elle reste bonne, gaie, sociable et confiante.

MICHELET.

## MAXIME

**Il faut de la prudence pour éviter le malheur, et du courage pour le supporter.**

### CONSEILS PÉDAGOGIQUES

**Analyse du morceau.** — Michelet excelle dans les peintures de la nature comme dans le récit de notre histoire. Ce portrait de l'alouette, tiré de son livre « *l'Oiseau* », est admirable de vigueur, de coloris, de mouvement, de vérité, aussi bien que de perfection de style.

Ne croirait-on pas voir et entendre l'alouette, humblement vêtue d'un plumage sombre « mais si riche de cœur et de chant ».

Et plus loin comme elle s'agite, comme elle craint, bonne mère, pour sa « tremblante couvée ».

Le danger écarté, l'alouette revient vite à sa joie, car elle est d'essence toute française « bonne, gaie, sociable et confiante ».

**Explication des mots.** — *Devise*, mot emblématique, dont le sens rappelle le caractère ou la règle de conduite de celui qui se l'attribue. — *Mélancolie*, tristesse causée par une maladie ou une disposition morale. — *Sérénité*, état d'un esprit tranquille.

**Diction.** — Dites ce morceau d'une voix claire et presque joyeuse au commencement, plus tendre au moment où l'auteur peint l'inquiétude de l'alouette, et pleine de confiance à la fin.

Donnez bien leur valeur aux voyelles sonores dans *vêtu* (ê long), *sévèrement* (é fermé et è ouvert), *lièvre* (è ouvert), *hâte* (â long), etc.

———————

# LE LOUP DEVENU BERGER

Un loup qui commençait d'avoir petite part
    Aux brebis de son voisinage,
Crut qu'il fallait *s'aider de la peau du renard*
    Et faire un nouveau personnage.
Il s'habille en berger, endosse un *hoqueton*,
    Fait sa *houlette* d'un bâton,
    Sans oublier la *cornemuse*.
    Pour pousser jusqu'au bout la ruse,
Il aurait volontiers écrit sur son chapeau :
« C'est moi qui suis Guillot, berger de ce troupeau. »
    Sa personne étant ainsi faite,
Et ses pieds de devant posés sur sa houlette,
Guillot le *sycophante* approche doucement.
Guillot, le vrai Guillot, étendu sur l'herbette,
    Dormait alors profondément;
Son chien dormait aussi, comme aussi sa *musette*.
La plupart des brebis dormaient pareillement.
    L'hypocrite les laissa faire ;
Et pour pouvoir mener *vers son fort* les brebis,
Il voulut ajouter la parole aux habits.
    Chose qu'il croyait nécessaire.
    Mais cela gâta son affaire :
Il ne put du pasteur contrefaire la voix.
Le ton dont il parla fit retentir les bois,
    Et découvrit tout le mystère.
    Chacun se réveille à ce son,
    Les brebis, le chien, le garçon.
    Le pauvre loup, dans cet *esclandre*,

Empêché par son hoqueton,
Ne put ni fuir ni se défendre.

**Toujours par quelque endroit fourbes se laissent prendre.**

LA FONTAINE.

## MAXIME
### L'habit ne fait pas le moine.

### CONSEILS PÉDAGOGIQUES

**Explication de la fable.** — La loyauté, la sincérité, la franchise sont des qualités que chacun devrait s'efforcer d'acquérir et de toujours conserver, elles élèvent celui qui les possède et facilitent les relations des hommes entre eux.

Pourtant beaucoup de gens les dédaignent soit par mauvais naturel soit parce qu'ils pensent mieux réussir dans leurs affaires en pratiquant la ruse et l'hypocrisie.

Semblables au loup de la fable, ces gens prennent les dehors de l'honnête homme pour mieux tromper leurs victimes. On peut les croire pendant quelque temps, mais un jour ou l'autre ils commettent une imprudence qui les fait découvrir. Ils sont chassés ignominieusement, et il ne eur reste que la honte de leur fourberie.

**Explication des mots.** — *S'aider de la peau du renard*, c'est-à-dire recourir aux ruses du renard. — *Hoqueton*, vêtement à larges manches. — *Houlette*, grand bâton muni d'une sorte de petite pelle, dont se servent les bergers pour jeter de la terre aux moutons qui s'écartent. — *Cornemuse*, instrument de musique champêtre. — *Sycophante*, mot grec signifiant calomniateur, et par extension trompeur, fripon, etc. — *Musette*, même sens que cornemuse. — *Vers son fort*, vers sa demeure dans les bois. — *Esclandre*, tapage scandaleux.

**Diction.** — DE LA PAUSE AVANT UNE SENTENCE. — Lorsque la fable se termine par une sentence morale, une maxime, un proverbe, faites un arrêt de quatre secondes avant la sentence que vous direz d'un ton plus grave. Ex : *Le pauvre loup | dans cet esclandre | empêché par son hoqueton | ne put ni fuir ni se défendre |||*. (Ton grave.) *Toujours par quelque endroit*, etc.

Appliquez ce principe aux fables *le Héron, le Grillon, les Deux voyageurs, le Lion et le Rat*, qui précèdent.

---

# UN HÉROS SANS LE SAVOIR

Un garçon de dix ans, au bord d'une rivière,
Jouait aux ricochets avec des cailloux ronds.
Il oubliait l'école à regarder leurs bonds
Et les *tressauts* de l'eau sous les coups de la pierre.
Un plus petit s'approche et veut en faire autant.
Le pied lui glisse, il tombe et le courant l'entraîne.
La rivière est profonde et la mort est certaine.
Il va périr, hélas ! Mais l'autre au même instant

Se jette en plein courant, au péril de sa vie.
Trois fois il plonge; enfin, après beaucoup d'effort,
Il atteint le bambin et l'arrache à la mort.
Sur le quai cependant une foule ravie
Acclame le sauveur et veut savoir son nom.
« Mon nom? pourquoi mon nom? pour le dire à mon père,
Pour qu'il sache que j'ai flâné près la rivière,
Qu'il me batte, fît-il en s'esquivant, oh non ! »

En savez-vous beaucoup de *héros* dans l'histoire
Pas plus fiers que le mien, ignorants de leur gloire,
  Refusant leur nom aux *bravos?*
 **Héros sans le savoir et partant vrais héros !**
      Louis Ratisbonne.
(*Les petits hommes.*)


## MAXIME

### La modestie rehausse une bonne action.

#### CONSEILS PÉDAGOGIQUES

**Explication du morceau.** — Certes, il est beau d'accomplir un acte héroïque, mais il est tout aussi beau de n'en pas faire parade et de rester modeste au milieu du succès.

Le véritable héros l'est de sa nature en raison du grand cœur qu'il possède et des sentiments généreux qui l'animent, et c'est pourquoi il n'a pas l'air de s'en apercevoir.

Notre jeune sauveteur de dix ans est lui aussi un vrai héros. Il se dérobe aux applaudissements de la foule, à la pensée soudaine de la faute légère qu'il a commise en flânant au bord de la rivière. Et pourtant, combien de fautes de ce genre ne lui aurait-on pas pardonnées, après l'accomplissement d'une si belle action.

**Explication des mots.** — *Tressaut*, mot employé dans quelques provinces pour tressaillement, agitation. — *Héros*, homme qui se distingue par sa valeur, sa grandeur d'âme. — *Bravos*, applaudissements.

**Diction.** — Réunissez rapidement les mots placés par inversion à ceux qui suivent. Ex : *Un garçon de dix ans | au bord d'une rivière jouait aux ricochets*, etc.; il ne faut pas d'arrêt après le mot rivière. Par contre, faites une pause après *cependant*, dans le vers : *Sur le quai cependant | une foule ravie acclame le sauveur*, etc.

Prenez le ton de la modestie étonnée lorsque l'enfant parle : *Mon nom?* || *Pourquoi mon nom?* || etc.

---

# TEL PÈRE, TEL FILS

Un jeune homme qui était sur le point de se marier résolut de chasser son père de sa maison et de le *reléguer* à la campagne. Il craignait que la compagnie du vieillard ne déplût à sa jeune femme. Son père avait plus de cent ans et était hors d'état de lui résister. Il le fit monter sur un chariot et le mena jusqu'à la porte d'une pauvre *métairie* qu'ils avaient dans la campagne : c'était dans cette métairie qu'il voulait l'enfermer.

— Mon fils, dit le vieillard, je vois ce que tu veux faire. Mais je ne te demande qu'une chose : c'est de me conduire au moins jusqu'à la table de pierre qui est dans ce jardin.

Le fils conduisit son père jusqu'à cette table. Quand ils y furent arrivés : « Maintenant tu peux partir et m'abandonner, dit le vieillard. C'est ici qu'autrefois j'ai amené mon père et que je l'ai abandonné. »

— Ah ! mon père ! s'écria le jeune homme, si j'ai des enfants, c'est donc ici qu'ils m'amèneront à mon tour !

Et alors, reconduisant son père à la ville, il lui donna la plus belle chambre de sa maison et la place la plus honorable à son repas de noce.

Saint-Marc Girardin.

## MAXIME

**Un pas hors du devoir peut nous mener bien loin.**

### CONSEILS PÉDAGOGIQUES

**Réflexions sur le morceau.** — L'ingratitude dégrade l'homme qui s'en rend coupable ; c'est un sentiment si contraire à la nature humaine qu'on éprouve une répulsion instinctive pour celui qui oublie délibérément les services rendus.

Mais lorsque l'ingratitude se manifeste chez un fils à l'égard de son père, elle apparaît particulièrement odieuse, haïssable ; elle excite l'indignation de tous les honnêtes gens, et il n'y aurait plus de justice ici-bas si tôt ou tard elle n'était pas sévèrement punie.

Enfants, qui avez reçu tant de bienfaits de vos parents, montrez-vous toujours reconnaissants des sacrifices qu'ils ont faits pour vous, honorez-les jusqu'à la fin de leur vie, et souvenez-vous que plus tard, vos enfants agiront envers vous comme vous aurez agi envers les auteurs de vos jours.

**Explication des mots.** — *Reléguer*, mettre à l'écart, éloigner. — *Métairie*, petit domaine exploité par un propriétaire ou un fermier.

**Diction.** — Prononciation de *ai* dans le corps d'un mot. — *Ai* dans le corps d'un mot a le son de l'é ouvert. Ex : *faire, métairie, maison* se prononcent *fère, métèrie, mèson*, et non pas *fére, métérie, méson*.

Dites ce morceau d'un ton simple, et faites bien ressortir l'exclamation de repentir du fils : *Ah! mon père! s'écria le jeune homme*, etc.

# LE RENARD ET LE BOUC

Capitaine renard allait de compagnie
Avec son ami bouc des plus haut encornés :
Celui-ci ne *voyait pas plus loin que son nez ;*
L'autre était passé maître en fait de tromperie.
La soif les obligea de descendre en un puits :
   Là chacun d'eux se désaltère.
Après qu'abondamment tous deux en eurent pris,
Le renard dit au bouc : Que ferons-nous, compère
Ce n'est pas tout de boire, il faut sortir d'ici.
Lève tes pieds en haut et tes cornes aussi ;
Mets-les contre le mur : le long de ton *échine*
   Je grimperai premièrement ;
   Puis, sur tes cornes m'élevant,
   A l'aide de cette *machine*
   De ce lieu-ci je sortirai,
   Après quoi je t'en tirerai.
*Par ma barbe,* dit l'autre, *il est bon ;* et je loue
   Les gens bien sensés comme toi.
   Je n'aurais jamais, quant à moi,
   Trouvé ce secret, je l'avoue.
Le renard sort du puits, laisse son compagnon,
   Et vous lui fait un beau sermon
   Pour l'exhorter à patience.
Si le Ciel t'eût, dit-il, donné par excellence
Autant de jugement que de barbe au menton,
   Tu n'aurais pas à la légère
Descendu dans ce puits. Or, adieu, j'en suis hors.
Tâche de t'en tirer, et fais tous tes efforts ;
   Car pour moi j'ai certaine affaire
Qui ne me permet pas d'arrêter en chemin.

**En toute chose il faut considérer la fin.**
LA FONTAINE.

MAXIME

**Ne nous associons qu'avec nos égaux.**

CONSEILS PÉDAGOGIQUES

**Explication de la fable.** — Le précepte qui termine cette fable est l'un
des plus sages de la Fontaine. Oui, « en toute chose il faut considérer

la fin », ce qui veut dire : n'entreprenez jamais une affaire sans avoir profondément réfléchi à ses conséquences, sans vous être demandé comment elle finira.

« Descendre dans un puits » est facile, mais remonter pour en sortir est une autre affaire. Maitre renard, dont l'esprit est fertile en ruses de toutes sortes, peut se permettre cette imprudence; il ne manquera pas d'expédients pour se tirer d'un mauvais pas. Quant au bouc, s'il avait vu un peu « plus loin que son nez », il aurait flairé là un danger et se serait empressé de l'éviter.

Soyez prudents lorsque vous agissez de concert avec quelqu'un de plus adroit que vous, en cas de malheur votre compère trouvera le moyen de s'échapper sain et sauf en vous laissant tout le poids de l'infortune.

**Explication des mots.** — *Voir pas plus loin que son nez*, être incapable de prévoir ce qui peut arriver, être trop confiant. — *Échine*, la colonne vertébrale et par extension le dos. — *Machine*, il s'agit ici de la manivelle du puits. — *Par ma barbe*. Le bouc a au menton un bouquet de poils semblable à une barbiche. — *Il est bon*, le conseil est bon.

**Diction.** — La terminaison *ai* du passé défini et du futur simple a le son de l'*é* fermé. Ex : Je grimperai, je sortirai, je t'en tirerai (prononcez grimperé, sortiré, tireré).

Toute cette charmante fable doit être dite d'un ton comique où la naïveté se mêle à la finesse et à la malice.

Arrêtez-vous quatre temps avant de dire la sentence : *Car pour moi j'ai certaine affaire qui ne me permet pas d'arrêter en chemin* IIII *En toute chose*, etc.

---

# LE CHANT DES BUCHERONS.

Voici les *bûcherons*, les francs coupeurs de chênes !
Par la neige ou la pluie ils font leur dur métier;
Dès que le jour commence; en route ! Le gibier
Ne rôde pas plus qu'eux dans les forêts lointaines;
Leurs jarrets sont de fer, leurs *muscles* sont d'acier.
Voici les bûcherons, les francs coupeurs de chênes !

L'arbre, dans le taillis comme un géant campé,
Au-dessus du chemin dressait sa grande taille;

Son tronc large et *noueux* semblait une muraille...
Dans l'herbe le voilà gisant... Qui l'a frappé ?
Ce sont les bûcherons ; ils ont, comme une paille,
Brisé l'arbre géant dans le taillis campé.

Qui nourrit de charbon la *fournaise* béante ?
Où l'on coule la fonte, où l'on forge le fer ?
Qui fournit leurs grands mâts aux vaisseaux de la mer ?
Qui donne à la maison sa porte et sa charpente ?
Qui fait luire dans *l'âtre* un soleil en hiver
Et nourrit de charbon la fournaise béante ?

Ce sont les bûcherons. — Leur bras n'est jamais las.
Parfois, quand la forêt de brouillards imprégnée,
Fait silence l'hiver, le bruit d'une cognée
Ou d'un chêne qui roule et tombe avec fracas,
Retentit dans le fond d'une *combe* éloignée...
Ce sont les bûcherons, leur bras n'est jamais las.

Honneur aux bûcherons, aux francs coupeurs de chênes !
Ils n'ont pas sitôt mis le pied hors du taillis.
Qu'ils se sentent le cœur pris du mal du pays.
Au bois est leur patrie, au bois sont leurs domaines ;
Leurs fils y grandiront près des pères vieillis,
Les fils des bûcherons, des francs coupeurs de chênes !

ANDRÉ THEURIET.

## MAXIME

**Aimez votre condition, il est rare que l'on gagne
au changement.**

### CONSEILS PÉDAGOGIQUES

**Analyse du morceau.** — Dans cette énergique et robuste peinture, l'auteur nous montre le bûcheron vainqueur de l'immense chêne, dont les rameaux seront convertis en charbon ou consumés dans le foyer pendant la saison d'hiver. Ce charbon mélangé au minerai de fer dans les hauts fourneaux donnera la *fonte*; le tronc de l'arbre géant « fournira leurs grands mâts aux vaisseaux de la mer ».

Le métier de bûcheron, quoique des plus pénibles, ne laisse pas que d'avoir ses plaisirs comme tous les métiers où l'homme dépense de grands efforts pour vaincre la nature.

C'est pourquoi le bûcheron aime ses bois où il retourne joyeusement chaque année au début de l'hiver, suivi de ses enfants qui deviendront comme lui de « francs coupeurs de chênes ».

**Explication des mots.** — *Bûcheron*, ouvrier qui abat le bois dans une forêt livrée à l'exploitation. — *Muscles*, partie de la chair qui se contracte pour produire le mouvement du corps. — *Noueux*, couvert de

nœuds. — *Fournaise*, il s'agit ici de l'intérieur d'un haut fourneau rougi
par le feu. — *Atre*, foyer d'une cheminée. — *Combe*, lieu bas entouré de
collines.

**Diction.** — Cette poésie doit être dite d'une voix forte, sur un ton énergique, avec une accentuation ferme et vibrante qui se fait surtout sentir
dans les tournures interrogatives : *Qui nourrit de charbon*, etc.

Faites une pause de trois secondes après les points de suspension :
*Dans l'herbe le voilà gisant...* ||| etc. Dites comme il suit la phrase sui-
vante : *ils ont,* | *comme une paille brisé l'arbre géant*, etc. Pas de pause
après le mot *paille* qui est complément de brisé.

---

# UN REPAS CHEZ LES GAULOIS

Autour d'une table fort basse, on trouve disposées
par ordre des bottes de foin ou de paille : ce sont les
sièges des convives. Les *mets* consistent d'habitude en
un peu de pain et beaucoup de viande bouillie, grillée
ou rôtie à la broche : le tout servi proprement dans
des plats de terre ou de bois chez les pauvres, d'argent ou de cuivre chez les riches. Quand le service est
prêt, chacun fait choix de quelque membre entier de
l'animal, le saisit à deux mains, et mange en mordant
à même; on dirait un repas de lions. Si le morceau
est trop dur, on le dépèce avec un petit couteau, dont
la *gaine* est attachée au fourreau du sabre.

On boit à la ronde dans un seul vase en terre ou en
métal, que les serviteurs font circuler ; on boit peu à
la fois, mais en y revenant fréquemment. Les riches
ont du vin d'Italie ou de Gaule, qu'ils prennent pur ou
légèrement trempé d'eau ; la boisson des pauvres est
la bière et l'*hydromel*. Près de la mer et des fleuves, on
consomme beaucoup de poisson grillé, qu'on asperge
de sel et de vinaigre ; l'huile, par tout le pays, est rare
et recherchée.

Dans les festins nombreux et d'*apparat*, la table est
ronde et les convives se rangent en cercle alentour ;
la place du milieu appartient au plus considéré par la
vaillance, la noblesse ou la fortune. A côté de lui s'assied le patron du logis, et successivement chaque con-
vive, d'après sa dignité personnelle et sa classe : voilà

le cercle des maîtres. Derrière eux se forme un second cercle *concentrique* au premier, celui des servants d'armes : une rangée porte les boucliers, l'autre rangée porte les lances ; ils sont traités et mangent comme leurs maîtres.

AMÉDÉE THIERRY.

## MAXIME

### Espérance ! (Devise des Gaulois.)

### CONSEILS PÉDAGOGIQUES

**Analyse du morceau.** — Voilà encore un tableau plein de vigueur, et qui nous reporte à des temps bien éloignés des nôtres. Nos braves ancêtres, les Gaulois, ignoraient la civilisation des Romains et des Grecs. Point d'ustensiles pour prendre les mets ; on mord à même : c'est un repas de fauves.

L'hospitalité chez les Gaulois était mieux pratiquée qu'elle ne l'est aujourd'hui chez nous : le patron du logis cède la première place au plus digne de ses hôtes et ne prend pour lui que la seconde.

Remarquez la clarté de l'exposition : rien n'a été oublié, riches, pauvres, guerriers, servants, tous ont leur part dans cette belle et simple description.

**Explication des mots.** — *Mets*, tout ce qui est servi sur la table pour être mangé. — *Gaine*, étui ou petit fourreau. — *Hydromel*, boisson faite d'eau et de miel. — *Apparat*, éclat, cérémonie. — *Concentrique*, qui a le même centre.

**Diction.** — Lisez la première phrase en ponctuant comme il suit : *Autour d'une table fort basse,* | *on trouve disposées par ordre* | *des bottes de foin ou de paille :* || *ce sont les sièges des convives.* Et non pas : .... *par ordre des bottes de foin.*

Souvenez-vous qu'il faut soutenir la voix aux deux points ; ne faites donc aucune modulation avant : *ce sont les sièges,* etc.

Dites ce morceau avec une certaine vigueur, d'une voix chaude et pleine.

---

# LE CORBEAU VOULANT IMITER L'AIGLE

*L'oiseau de Jupiter* enlevant un mouton,
    Un corbeau, témoin de l'affaire,
Et plus faible de reins, mais non pas moins *glouton*,
    En voulut sur l'heure autant faire.
    Il tourne *à l'entour* du troupeau,
Marque entre cent moutons le plus gras, le plus beau,
    Un vrai mouton de *sacrifice* :
On l'avait réservé pour la bouche des dieux.

Gaillard corbeau disait, en le *couvant des yeux :*
    Je ne sais qui fut ta nourrice,
Mais ton corps me parait en merveilleux état :
    Tu me serviras de pâture.
Sur l'animal bêlant à ces mots il s'abat.
    La moutonnière créature
*Pesait plus qu'un fromage ;* outre que sa toison
    Était d'une épaisseur extrême,
Et mêlée à peu près de la même façon
    Que la barbe de *Polyphème.*
Elle empêtra si bien les *serres* du corbeau,
Que le pauvre animal ne put faire retraite.
Le berger vient, le prend, l'encage bien et beau,
Le donne à ses enfants pour servir d'amusette.

**Il faut se mesurer, la conséquence est nette :**
    **L'exemple est un dangereux leurre.**
**Où la guêpe a passé le moucheron demeure.**

La Fontaine.

## MAXIME

### Qui trop embrasse mal étreint.

### CONSEILS PÉDAGOGIQUES

**Explication du morceau.** — Il y a des gens dont la vanité, la présomption, n'ont point de bornes. Ecoutez-les : ils sont aussi savants que les plus savants, aussi riches que les plus riches, leur force égale celle des plus forts, aucune entreprise ne les effraye ; chétifs corbeaux, ils veulent agir comme des aigles et tout à coup ils s'aperçoivent de l'embarras et quelquefois de l'abime où leur fatuité les a entrainés.

Oui, « il faut se mesurer », c'est-à-dire ne rien entreprendre qui ne soit dans la mesure de ses forces, car l'exemple de ceux qui nous sont supérieurs peut nous « leurrer », c'est-à-dire nous tromper.

La guêpe brisera la toile de l'araignée, mais le faible moucheron qui l'imite ne pourra la rompre et y laissera sa vie.

**Explication des mots.** — *L'oiseau de Jupiter,* l'aigle, que les anciens avaient consacré à Jupiter. — *Glouton,* gourmand à l'excès. — *A l'entour,* on écrirait aujourd'hui *alentour.* — *Sacrifice,* les anciens offraient en sacrifice aux dieux les plus beaux de leurs animaux domestiques. — *Couver des yeux,* fixer ardemment ce qu'on voudrait manger. — *Pesait plus qu'un fromage,* allusion au fromage de la fable « le Corbeau et le Renard ». — *Polyphème,* cyclope ou géant de la fable. — *Serres,* griffes des oiseaux de proie.

**Diction.** — Dites cette fable avec un ton empreint d'une raillerie fine, qui fasse sentir l'aveuglement du corbeau et prévoir son échec.

Appuyez sur les mots : *Un vrai mouton de sacrifice,* etc. ; pressez un peu le vers : *Le berger vient, le prend,* etc. ; faites une pause de quatre à cinq secondes avant la morale.

# L'ESPRIT DE CONTRADICTION

Un jour un villageois, sur son âne *enfourché*,
Trouva par un ruisseau son passage bouché ;
Tandis que pour le prendre un batelier s'apprête,
Il approche du bord, saute en bas de sa bête,
S'embarque le premier, et, sur le pont tremblant,
Tire par son *licou* l'animal nonchalant.
Le *grison* qui des flots redoute le caprice,
Tire de son côté, fait *le pas d'écrevisse*,
Et du maître essoufflé déconcertant l'effort,
Lutteur victorieux demeure sur le bord.
Enfin, tout épuisé d'haleine et de courage,
L'homme change d'avis, redescend au rivage,
Prend l'âne par la queue et tire de son mieux.
L'animal aussitôt s'échappe furieux,
Et, du bras qui le tient forçant la violence,
D'un saut précipité dans le bateau s'élance.

J.-B. ROUSSEAU.

## MAXIME

**Il n'y a aucune ressemblance entre la fermeté
du sage et l'entêtement du sot.**

### CONSEILS PÉDAGOGIQUES

**Explication du morceau.** — C'est une fine satire à l'adresse des gens qui ont la manie de toujours contredire, souvent sans aucune raison, leurs interlocuteurs.

Rien de plus laid que ce défaut qui expose l'homme à changer constamment d'avis et qui dénote un esprit étroit et un entêtement ridicule. Qu'on dise blanc ils répondront invariablement noir, et, pareils à l'âne de cette fable, si vous voulez les amener à faire une chose, il faut leur en proposer exactement le contraire.

**Explication des mots.** — *Enfourché*, monté de façon que les jambes soient chacune d'un côté différent et soient écartées comme une fourche. — *Licou*, lien de cuir ou de corde que l'on met au cou des chevaux et des ânes pour les attacher. — *Grison*, âne, baudet. — *Pas d'écrevisse*, c'est-à-dire marche à reculons.

**Diction.** — Accentuez bien votre ton au moment de la lutte entre l'homme et l'âne, appuyez surtout sur les mots *demeure sur le bord* qui doivent être dits d'un ton vainqueur, et sur le dernier vers qui est la conclusion du morceau et qui en laisse sous-entendre la morale.

---

# LES SORTILÈGES

Un *esclave* qui s'était tiré de servitude, ayant acheté un petit champ, le cultiva avec tant de soin qu'il devint le plus fertile de tout le pays. Un tel succès lui attira la jalousie de tous ses voisins, qui l'accusèrent d'user de *magie* et d'employer des *sortilèges* pour procurer à son petit champ une si étonnante fertilité et pour rendre leurs terres *stériles*. Il fut appelé en jugement devant le peuple romain. On sait que l'assemblée du peuple se tenait sur la place publique. Il amena avec lui sa fille, qui était une grosse paysanne très laborieuse, bien nourrie et bien vêtue. Il fit apporter tous ses instruments de labour, qui étaient en fort bon état ; des *hoyaux* très pesants, une charrue bien équipée et bien entretenue ; il fit aussi venir ses bœufs, qui étaient gros et gras. Puis se tournant vers ses juges : « Voilà, dit-il, mes sortilèges et la magie que j'emploie pour rendre mon champ fertile. Je ne puis pas, continua-t-il, vous produire ici mes sueurs, mes veillées, mes travaux de jour et de nuit. » Les suffrages ne furent point partagés, et il fut *absous* d'une commune voix.

Rollin (d'après Pline).

## MAXIME

**Avec la paresse tout est difficile ; avec le travail tout est facile.**

## CONSEILS PÉDAGOGIQUES

**Réflexions sur le morceau.** — L'homme médiocre est souvent jaloux des succès que ses voisins obtiennent par leur intelligence ou leur travail; et pour peu qu'il soit superstitieux, comme on l'était du temps de Pline, vite il crie aux *sortilèges*, c'est-à-dire à l'entente avec des esprits infernaux imaginaires, par le moyen des sorciers.

Aujourd'hui les sorciers ont à peu près disparu et tout le monde sait que la seule magie propre à assurer la réussite, réside dans l'activité de l'homme, dans l'instruction qu'il s'est acquise et l'intelligence qu'il apporte à la conduite de ses affaires.

**Explication des mots.** — *Esclave*, homme qui est dans la possession absolue d'un autre. Les Romains affranchissaient souvent leurs esclaves c'est-à-dire les rendaient libres. — *Magie*, l'art des fourbes qui prétendaient produire des effets surnaturels. — *Sortilège*, pratiques dont se servaient les prétendus sorciers pour jeter des sorts. — *Stérile*, qui ne produit rien. — *Hoyau*, instrument de fer à deux branches pour remuer la terre. — *Absous*, acquitté, reconnu non coupable.

**Diction.** — Ce morceau doit être dit lentement, d'une voix pleine, qui s'accentue au moment où le paysan amène sa fille et apporte ses instruments de travail. Les paroles qu'il prononce doivent être dites d'un ton sérieux et d'une voix vibrante.

# LE CERF SE VOYANT DANS L'EAU

Dans le *cristal* d'une fontaine
Un cerf se mirait autrefois,
Louait la beauté de son bois,
Et ne pouvait qu'*avecque* peine
Souffrir ses jambes de fuseaux,
Dont il voyait l'objet se perdre dans les eaux.
Quelle proportion de mes pieds à ma tête !
Disait-il en voyant leur ombre avec douleur :
Des *taillis* les plus hauts mon front atteint le *faîte*.
Mes pieds ne me font pas d'honneur.
Tout en parlant de la sorte,
Un *limier* le fait partir.
Il tâche à se garantir :
Dans les forêts il s'emporte :

Son bois, *dommageable* ornement,
L'arrêtant à chaque moment,
Nuit à l'office que lui rendent
Ses pieds, de qui ses jours dépendent.
Il se dédit alors, et maudit les *présents*
Que le Ciel lui fait tous les ans.

**Nous faisons cas du beau, nous méprisons l'utile ;
Et le beau souvent nous détruit.
Ce cerf blâme ses pieds qui le rendent agile ;
Il estime un bois qui lui nuit.**

La Fontaine.

## MAXIME

### Préférez l'utile à l'agréable.

### CONSEILS PÉDAGOGIQUES

**Explication de la fable.** — Cette fable est une leçon pour les gens superficiels et légers qui préfèrent le beau à l'utile, ce qui n'est qu'agréable à ce qui est avantageux.

Le beau c'est le vêtement fin et brillant, l'utile c'est la sombre et chaude doublure qui garantit des rigueurs du froid ; le beau c'est la couverture d'un livre, l'utile c'est ce qu'il contient d'intéressant et d'instructif ; le beau c'est la dentelle légère qui se déchire au moindre effort, l'utile c'est l'étoffe solide qui résiste et assure un long profit.

Soyons plus clairvoyants que le cerf de La Fontaine et préférons toujours l'utile à l'agréable.

**Explication des mots.** — *Cristal*, c'est-à-dire l'eau claire, limpide comme du cristal — *Avecque*, licence poétique, pour *avec*. — *Taillis*, jeune bois. — *Faîte*, sommet, point le plus élevé. — *Limier*, chien de chasse. — *Dommageable*, embarrassant, et qui cause par conséquent du dommage. — *Les présents*. Chaque année, il pousse une branche sur les cornes ou bois du cerf.

**Diction.** — Prononciation de la voyelle composée *oi*. — La voyelle composée *oi* se prononce *oa* et non pas *oé* comme on le fait dans quelques cantons de la France. Dites : ... Louait la beauté de son *boa*.

Les paroles du cerf doivent être dites d'un ton d'orgueil et de vanité ; et la fin avec découragement et déception.

Observez la pause de quatre ou cinq secondes après le titre et avant la morale.

---

# L'ABEILLE ET LE SERPENT

Parmi les fleurs et la verdure,
L'Abeille et le Serpent hideux
Cherchent la *sève* la plus pure,
Et s'en nourrissent tous les deux.

Mais, opposés par leur génie,
Vivant sur les mêmes gazons,
L'une les change en *ambroisie*,
Et l'autre les change en poisons.

De la plante la plus amère
L'Abeille sait tirer du miel ;
Dans l'herbe la plus salutaire
Le Serpent puise un *suc* mortel.

En quelque lieu qu'il se repose,
On voit le feuillage mourir ;
Elle vole de rose en rose,
De lis en lis, sans les flétrir.

Elle boit *les pleurs de l'Aurore*,
Sans en ternir la pureté :
L'onde pâlit, se décolore,
Quand le reptile en a goûté.

Dans son *palais géométrique*,
L'Abeille vit pour l'univers :
Proscrit par la haine publique,
Le Serpent règne aux lieux déserts.

De sa caverne *insidieuse*,
Il menace tous les vivants :
Dans sa cellule studieuse,
Elle est l'exemple des savants.

Utile au pauvre, l'une entasse
Tous ses trésors dans les hameaux ;
Et, sacrilège avec audace,
L'autre dépouille les tombeaux.

Entendez *l'essaim* qui murmure :
C'est la voix d'un peuple innocent.
Du Serpent la famille obscure
Siffle : c'est la voix du méchant.

CERUTTI.

## MAXIME

**C'est n'être bon à rien que n'être bon qu'à soi.**

## CONSEILS PÉDAGOGIQUES

**Explication du morceau.** — L'abeille, c'est l'image de l'homme laborieux, intelligent, honnête, qui fait fructifier ses œuvres, ennoblit tout ce qu'il touche et dont les travaux profitent à l'humanité tout entière.

Le serpent, c'est l'homme méchant, qui se livre à l'intrigue, à la médisance, à la calomnie, qui porte préjudice à ceux qu'il approche, qui tâche de vivre du travail des autres et qui est, pour tout dire, un être dangereux et malfaisant.

Le travail de l'honnête homme rappelle le bourdonnement de l'abeille ; un méchant qui parle et un serpent qui siffle provoquent le même dégoût et la même horreur.

**Explication des mots.** — *Sève*, liquide nourricier des plantes. — *Ambroisie*, mets exquis. C'était, dans la fable, la nourriture des dieux. — *Les pleurs de l'aurore*, la rosée du matin. — *Palais géométrique*, l'abeille construit dans sa ruche des cellules octogonales régulières. — *Insidieux*, qui tend des pièges, qui trompe. — *Essaim*, la troupe des abeilles.

**Diction.** — Prononciation de l'o. — Dans certains mots comme *rose*, *repose*, *chose*, la voyelle *o* est longue et sombre et se prononce comme l'exclamation admirative *Oh !* — Dans d'autres, comme *aurore*, *décolore*, elle est longue aussi, mais claire et se prononce comme dans le mot *or*.

Changez de ton suivant que vous parlez de l'abeille ou du serpent ; du charme, de l'intérêt dans le premier cas, du dégoût, de l'amertume dans le second.

---

# L'AMOUR DE LA VERTU

Sophie aime la vertu ; cet amour est devenu sa passion *dominante*. Elle l'aime, parce qu'il n'y a rien de si beau que la vertu ; elle l'aime, parce que la vertu fait la gloire de la femme et qu'une femme vertueuse lui paraît presque égale aux anges ; elle l'aime comme la seule route du vrai bonheur, et parce qu'elle ne voit que misère, abandon, malheur, *opprobre*, *ignominie*, dans la vie d'une femme déshonnête ; elle l'aime enfin comme chère à son respectable père, à sa tendre et digne mère : non contents d'être heureux de leur propre vertu, ils veulent l'être aussi de la sienne, et son premier bonheur, à elle-même, est l'espoir de faire le leur. Tous ces sentiments lui inspirent un *enthousiasme* qui lui élève l'âme et tient tous ses petits penchants asservis à une passion si noble.

J.-J. ROUSSEAU.

(*Émile ou de l'Éducation.*)

### MAXIME

**Choisis pour ton ami l'homme que tu connais le plus vertueux.**

## CONSEILS PÉDAGOGIQUES

**Réflexions sur le morceau.** — Aimer et pratiquer la vertu, c'est évidemment se préparer un avenir où tout est joie et tranquillité ; c'est s'armer contre le malheur qui ne peut atteindre les âmes pures et honnêtes. Qu'est-ce que les richesses comparées à une conscience qui n'a jamais connu que le bien ? *L'homme le plus fort est celui qui n'a rien à se reprocher.*

Il faut donc aimer la vertu pour elle-même, et il faut aussi l'aimer, enfants, en songeant à la joie que votre bonne conduite causera à vos parents et au bonheur qu'ils ressentiront en vous voyant toujours marcher dans le droit chemin.

**Explication des mots.** — *Dominante,* qui surpasse, qui domine toutes les autres. — *Opprobre,* ignominie, honte, affront. — *Enthousiasme,* sorte de transport qui excite à des actes extraordinaires.

**Diction.** — Encore un morceau qui doit être dit avec charme et délicatesse. Que le débit soit lent et la voix bien soutenue.

Ouvrez la bouche au *ai* dans le corps d'un mot, aux *è* ouverts, aux monosyllables *ces, ses, est,* etc.

---

# L'ANE ET LE CHIEN

Il se faut entr'aider : c'est la loi de nature.
    L'âne un jour pourtant s'en moqua :
    Et ne sais comme il y manqua,
    Car il est bonne créature.
Il allait par pays, accompagné du chien,
    Gravement, sans songer à rien ;
    Tous deux suivis d'un commun maître.
Ce maître s'endormit. L'âne se mit à paître :
    Ils étaient alors dans un pré
    Dont l'herbe était fort à son gré.
Point de *chardon* pourtant ; il s'en passa pour l'heure ;
Il ne faut pas toujours être aussi délicat ;
    Et, faute de servir ce plat,

Rarement un festin *demeure*.
Notre baudet s'en sut enfin
Passer pour cette fois. Le chien, mourant de faim,
Lui dit : « Cher compagnon, baisse-toi, je te prie !
Je prendrai mon dîner dans le panier au pain. »
Point de réponse ; *mot :* le *roussin d'Arcadie*
    Craignit qu'en perdant un moment
    Il ne perdît un coup de dent.
    Il fit longtemps *la sourde oreille;*
Enfin il répondit : « Ami, je te conseille
D'attendre que ton maître ait fini son sommeil,
Car il te donnera sans faute, à son réveil,
    Ta portion accoutumée :
    Il ne saurait tarder beaucoup. »
    Sur ces entrefaites, un loup
Sort du bois, et s'en vient : autre bête affamée.
L'âne appelle aussitôt le chien à son secours.
Le chien ne bouge et dit : « Ami, je te conseille
De fuir en attendant que ton maître s'éveille;
Il ne saurait tarder : *détale* vite et cours.
Que si le loup t'atteint, casse-lui la mâchoire ;
On t'a ferré de neuf ; et, si tu veux m'en croire,
Tu l'étendras tout plat. » Pendant ce beau discours,
Seigneur loup étrangla le baudet sans remède.
    **Je conclus qu'il faut qu'on s'entr'aide.**

La Fontaine.

## MAXIME

**Dans le malheur, l'égoïste n'est jamais plaint.**

### CONSEILS PÉDAGOGIQUES

**Réflexions sur la fable.** — Si le dénouement de cette fable n'était pas aussi tragique, on éprouverait une véritable satisfaction en voyant ce baudet égoïste puni comme il le mérite. Pourquoi refusait-il son aide au chien, son compagnon de voyage ? La gourmandise, sans doute, étouffa chez lui le sentiment d'humanité. Il paya cher le « coup de dent » qu'il ne voulut pas perdre.

Prêtons notre aide à ceux qui nous la demandent, non pas seulement avec l'espoir d'être payés de retour le cas échéant, mais avec le seul plaisir de faire du bien à nos semblables. *C'est le propre des âmes grandes et généreuses de se dévouer sans conditions pour le bien des autres.*

Et c'est pourquoi nous eussions admiré le chien, si, laissant de côté son ressentiment, il était venu au secours de son insouciant compagnon.

**Explication des mots.** — *Chardon,* herbe à feuilles épineuses, dont les ânes sont friands. — *Demeure,* c'est-à-dire reste sans être mangé. — *Mot,* c'est-à-dire *pas un mot.* — *Roussin d'Arcadie,* nom donné à l'âne.

L'Arcadie est la partie montagneuse de la Morée. — *Faire la sourde oreille,*
faire semblant de ne pas entendre. — *Détaler,* fuir, décamper.

**Diction.** — Appliquez la règle de prononciation de la voyelle composée
oi, expliquée dans la fable précédente « Le cerf se mirant dans l'eau ».
Dites bien : *la loi, cette fois, baisse-toi, croire,* comme s'il y avait *loa,
foa,* etc.

Faites ressortir finement le passage : *Il ne faut pas être aussi délicat,* etc. Quand le chien s'adresse au baudet prenez le ton de la prière :
*Cher compagnon,* etc. La réponse de l'âne est faite d'un ton de conseil-
leur paternel et égoïste.

Quant aux derniers mots du chien ils doivent être dits sur le même
ton que la réponse de l'âne, en laissant percer de plus la raillerie et la
satisfaction d'une riposte méritée.

---

# LA CARPE ET LES CARPILLONS

« Prenez garde, mes fils, côtoyez moins le bord,
  Suivez le fond de la rivière,
  Craignez la ligne meurtrière,
Ou l'*épervier*, plus dangereux encor. »
C'est ainsi que parlait une carpe de Seine
A de jeunes poissons qui l'écoutaient à peine.
C'était au mois d'avril : les neiges, les glaçons,
Fondus par les *zéphyrs*, descendaient des montagnes.
Le fleuve enflé par eux s'élève à gros bouillons,
  Et déborde dans les campagnes.
  « Ah ! ah ! criaient les carpillons,
  Qu'en dis-tu, carpe *radoteuse?*
  Crains-tu pour nous les hameçons?
Nous voilà citoyens de la mer orageuse :
Regarde, on ne voit plus que les eaux et le ciel,
  Les arbres sont cachés sous l'onde,
  Nous sommes les maîtres du monde;
  C'est le déluge universel.
— Ne croyez point cela, répond la vieille mère;
Pour que l'eau se retire, il ne faut qu'un instant :
Ne vous éloignez point; et, de peur d'accident,
Suivez, suivez toujours le fond de la rivière.
— Bah ! disent les poissons, tu répètes toujours
  Mêmes discours.
'Adieu, nous allons voir notre nouveau domaine. »
  Parlant ainsi, nos étourdis
  Sortent tous du lit de la Seine
Et s'en vont dans les eaux qui couvrent le pays.

Qu'arriva-t-il? les eaux se retirèrent,
Et les carpillons demeurèrent;
Bientôt ils furent pris
Et frits.

Pourquoi quittaient-ils la rivière?
Pourquoi? je le sais trop, hélas!
C'est qu'on se croit toujours plus sage que sa mère,
C'est qu'on veut *sortir de sa sphère.*
C'est que... c'est que.... Je ne finirais pas.

FLORIAN.

## MAXIME

**L'asile le plus sûr est le sein d'une mère.**

### CONSEILS PÉDAGOGIQUES

**Explication de la fable.** — Cette fable s'adresse aux enfants désobéissants, ainsi qu'aux adolescents qui veulent trop tôt faire les hommes et cherchent, à peine sortis de l'enfance, à se soustraire à la salutaire influence de leurs parents.

Sans aucune connaissance de la vie et des écueils dont elle est semée, ils se jetteront étourdiment, à la première occasion, dans quelque affaire où ils pourront perdre, sinon l'existence, du moins l'honneur, le plus précieux de tous les biens.

Enfants, écoutez toujours vos parents; même lorsque vous serez devenus des hommes, prenez conseil de leur expérience: vous vous éviterez ainsi bien des déboires, bien des déceptions, bien des chagrins.

**Explication des mots.** — *Zéphyrs,* vents doux. — *Radoteuse,* qui tient des discours sans suite, qui déraisonne. — *Sortir de sa sphère,* c'est-à-dire changer d'état, de condition, s'engager dans des aventures.

**Diction.** — Voici une fable dont le dialogue a besoin d'être bien nuancé; le ton change complètement suivant que parlent la carpe ou les carpillons. La mère parle d'abord sur le ton doux et tendre de l'amour maternel, pensant que son conseil sera suivi. Les carpillons répondent par un éclat de rire *Ah! Ah!* et un flux d'étourderie confiante. Le ton de la mère devient inquiet; celui des carpillons exprime le dédain railleur et insolent.

La fin doit être dite d'un ton grave et solennel.

---

# SOUVENIRS D'ENFANCE

Moi aussi, j'ai eu pour premier berceau un petit et *agreste* jardin entouré d'un mur de pierres sèches, sur une de ces collines arides et sombres que vous apercevez d'ici à l'extrémité de votre horizon; il n'y avait là (la médiocrité plus que modeste de la fortune de mon père ne le permettait pas) ni vaste étendue, ni ombrages majestueux, ni eaux jaillissantes, ni fleurs rares, ni fruits précoces, ni plantes de luxe; c'étaient quelques allées étroites, encadrées d'œillets sauvages, de violettes et de *primevères*, et bordant des carrés de légumes pour la nourriture de la famille. Eh bien! j'habite maintenant des jardins plus vastes et plus artistement plantés; mais j'ai conservé ma *prédilection* pour celui-là. Et, quand j'ai quelques rares heures de liberté et de solitude, arrachées aux affaires publiques ou aux travaux d'esprit, à donner à ces vagues entretiens avec moi-même, c'est dans ce jardin que je vais les passer! Oui, c'est dans cette pauvre enceinte depuis longtemps déserte, vidée par la mort; c'est dans ces allées envahies par les herbes, par la mousse et par les œillets des bordures; c'est sur ce sable mal ratissé, que je cherche encore du regard les pas de ma mère, de mes sœurs, des anciens amis, des vieux serviteurs de la famille; je vais m'asseoir contre la clôture, en face de la maison qui s'ensevelit d'année en année davantage sous le lierre, aux rayons du soleil couchant, au bourdonnement des insectes, au bruit des *lézards* de la vieille muraille, que je crois reconnaître comme d'anciens hôtes du jardin, et avec lesquels il me semble que je pourrais du moins encore m'entretenir d'autrefois.

LAMARTINE.

## MAXIME

**Aimons nos parents; aimons non seulement leur personne, mais leur état et leur condition.**

### CONSEILS PÉDAGOGIQUES

**Explication du morceau.** — Ce morceau, tiré des souvenirs de Lamartine, nous montre bien que l'amour du sol natal reste toujours vivace au fond du cœur de l'homme, quelles que soient les destinées auxquelles il peut être appelé dans le cours de sa vie.

Peut-on oublier les lieux où se sont écoulées les années de l'enfance, où tout objet rappelle un souvenir de joie, de peine, d'espérance, d'amitié?

**Explication des mots.** — *Agreste*, rustique, sans luxe. — *Primevère*, plante qui fleurit dès les premiers jours du printemps. — *Prédilection*, préférence d'affection. — *Lézard*, quadrupède ovipare; celui des murailles est gris, petit et inoffensif.

**Diction.** — L'EXPRESSION ENTRE PARENTHÈSES. — L'expression entre parenthèses se dit d'un tout autre ton que la phrase dans laquelle elle est enclavée et cela se comprend puisque l'idée qu'elle exprime est d'un ordre différent. Dans le morceau ci-dessus vous commencerez par le ton touchant du souvenir lointain et doux; vous le quitterez brusquement après : *il n'y avait là*, pour prendre celui de l'aveu fait avec franchise; puis vous le reprendrez très exactement avec la même voix douce et émue aux mots : *Ni vaste étendue*, etc.

---

# LE LION ET LE MOUCHERON

« Va-t'en, chétif insecte, excrément de la terre ! »
    C'est en ces mots que le lion
    Parlait un jour au moucheron.
    L'autre lui déclara la guerre.
« Penses-tu, lui dit-il, que ton titre de roi
    Me fasse peur ni *me soucie?*
    Un bœuf est plus puissant que toi,
    Je le mène à ma fantaisie. »
    A peine il achevait ces mots,
    Que lui-même il *sonna la charge*,
    Fut le trompette et le héros.
    *Dans l'abord* il se met *au large*,
    Puis prend son temps, fond sur le cou
    Du lion, qu'il rend presque fou.
Le quadrupède écume, et son œil étincelle :
Il rugit. On se cache, on tremble *à l'environ :*
    Et cette alarme universelle
    Est l'ouvrage d'un moucheron.

Un avorton de mouche en cent lieux le *harcelle;*
Tantôt pique l'échine, et tantôt le museau,
   Tantôt entre au fond du naseau.
La rage alors se trouve à son faîte montée.
L'invisible ennemi triomphe, et rit de voir
Qu'il n'est griffe ni dent en la bête irritée
Qui de la mettre en sang ne fasse son devoir.
Le malheureux lion se déchire lui-même,
Fait résonner sa queue à l'entour de ses flancs,
Bat l'air, *qui n'en peut mais;* et sa fureur extrême
Le fatigue, l'abat : le voilà sur les dents.
L'insecte du combat se retire avec gloire :
Comme il sonna la charge, il sonne la victoire,
Va partout l'annoncer, et rencontre en chemin
   L'embuscade d'une araignée :
   Il y rencontre aussi sa fin.

Quelle chose par là nous peut être enseignée?
J'en vois deux, dont l'une est qu'entre **nos ennemis**
**Les plus à craindre sont souvent les plus petits;**
L'autre, qu'aux **grands périls tel a pu se soustraire**
   **Qui périt en la moindre affaire.**

La Fontaine.

## MAXIME

### A qui veut mal, mal arrive.

### CONSEILS PÉDAGOGIQUES

**Explication du morceau.** — Ainsi que le dit La Fontaine, cette fable contient deux enseignements. Tout d'abord, n'affectons du mépris pour personne; quelque faibles que nous soyons, nous avons tous notre valeur personnelle, et souvent cette faiblesse n'est qu'apparente; chacun possède en soi le moyen de blesser son ennemi.

En second lieu, il arrive souvent, en effet, que ceux qui se glorifient bien haut de leurs exploits, oubliant la prudence qui doit guider toutes nos actions, se brisent contre un obstacle de peu d'importance et contre lequel ils avaient négligé de se mettre en garde.

**Explication des mots.** — *Me soucie,* ce verbe ne se conjugue plus qu'à la forme réfléchie, *se soucier.* — *Sonne la charge.* La charge est un air de clairon ou de trompette que l'on sonne au moment de l'attaque. — *Dans l'abord,* pour *tout d'abord.* — *Au large,* à l'écart, un peu éloigné. — *A l'environ,* on dirait aujourd'hui *aux environs.* — *Harceler,* inquiéter par de fréquentes attaques. — *N'en peut mais,* n'en peut plus, ne sait plus comment résister.

**Diction.** — Cette fable doit être dite d'une voix vibrante, avec beaucoup d'animation dans les passages où le lion « rugit », où la rage se trouve montée, où il bat l'air de sa queue, etc. La voix tombe tout à coup au vers : *et sa fureur extrême le fatigue,* etc.

# LE ROULIER ET SON CHEVAL

Le pesant chariot porte une énorme pierre ;
Le *limonier*, suant du mors à la croupière,
Tire, et le *roulier* fouette, et le pavé glissant
Monte, et le cheval triste a le poitrail en sang.
Il tire, traîne, *geint*, tire encore et s'arrête :
Le fouet noir tourbillonne au-dessus de sa tête ;
C'est lundi, l'homme hier buvait aux Porcherons
Un vin plein de fureur, de cris et de jurons.
Oh ! quelle est donc la loi formidable qui livre
L'être à l'être et la bête effarée à l'homme ivre ?
L'animal éperdu ne peut plus faire un pas ;
Il sent l'ombre sur lui peser ; il ne sait pas,
Sous le bloc qui l'écrase et le fouet qui l'assomme,
Ce que lui veut la pierre et ce que lui veut l'homme.
Et le roulier n'est plus qu'un orage de coups
Tombant sur ce forçat qui traîne des licous,
Qui souffre et ne connaît ni repos ni dimanche.
Si la corde se casse, il frappe avec le manche,
Et, si le fouet se casse, il frappe avec le pied ;
Et le cheval, tremblant, hagard, estropié,
Baisse son cou lugubre et sa tête égarée ;
On entend, sous les coups de la botte ferrée,
Sonner le ventre nu du pauvre être muet !
Il râle ; tout à l'heure encore il remuait ;
Mais il ne bouge plus et sa force est finie ;
Et les coups furieux pleuvent, son agonie
Tente un dernier effort ; son pied fait un écart,
Il tombe et le voilà brisé sous le brancard ;
Et dans l'ombre, pendant que son bourreau redouble,
Il regarde quelqu'un de sa prunelle trouble ;
Et l'on voit lentement s'éteindre, humble et terni,
Son œil plein des stupeurs sombres de l'infini.

VICTOR HUGO.

## MAXIME

**La cruauté envers les animaux dénote un esprit
bas et des habitudes odieuses.**

## CONSEILS PÉDAGOGIQUES

**Analyse du morceau.** — Le grand Victor Hugo, qui s'est fait le défenseur de tout ce qui souffre, ne pouvait oublier le cheval, ce noble et vaillant serviteur de l'homme.

Il n'est que trop vrai que certains conducteurs de chevaux se livrent à des brutalités qui sont la honte de l'espèce humaine. Chacun sait pourtant que plus le cheval est battu moins il est courageux ; il s'habitue aux coups ou plutôt à la douleur, et il perd l'ardeur qu'une simple excitation suffirait à lui donner.

**Explication des mots.** — *Limonier*, cheval ordinairement de haute taille qu'on met aux limons d'un chariot. — *Roulier*, charretier de roulage. — *Geint*, c'est-à-dire gémit sous la fatigue.

**Diction.** — Que votre voix fasse bien sentir l'horreur qu'inspire le roulier et l'intérêt que mérite le cheval. Imitez les efforts du limonier lorsqu'il tire, traîne, etc. Elevez la voix lorsque le roulier frappe ; et abaissez-la et dites lentement les deux vers : *Il râle, tout à l'heure*, etc. Accentuez de nouveau au dernier effort, et dites la fin lentement et presque à voix basse. Pas d'arrêt après les mots *glissant, livre, coups, agonie*.

---

# LA SUÈDE ET LA FINLANDE

La Suède et la Finlande composent un royaume large d'environ deux cents de nos lieues et long de trois cents. Il s'étend du midi au nord, depuis le cinquante-cinquième degré, ou à peu près, jusqu'au soixante et dixième, sous un climat rigoureux qui n'a presque ni printemps ni automne. L'hiver y règne neuf mois de l'année ; les chaleurs de l'été succèdent tout à coup à un froid excessif, et il y gèle dès le mois d'octobre, sans aucune de ces *gradations* insensibles qui amènent ailleurs les saisons et en rendent le changement plus doux. La nature, en conséquence, a donné à ce climat *un ciel serein*, un air pur. L'été, presque toujours échauffé par le soleil, y produit les fleurs et les fruits en peu de temps. Les longues nuits de l'hiver y sont adoucies par des *aurores* et des *crépuscules* qui durent à proportion que le soleil s'éloigne moins de la Suède ; et la lumière de la lune, qui n'y est obscurcie par aucun nuage, augmentée encore par le reflet de la neige qui couvre la terre, et très souvent par des feux semblables à la *lumière zodiacale*, fait qu'on voyage en Suède la nuit comme le jour.

Voltaire.

MAXIME

**L'air, l'eau, la lumière et la chaleur sont indispensables à la santé.**

## CONSEILS PÉDAGOGIQUES

**Analyse du morceau.** — Ce morceau est la première page d'un livre remarquable de Voltaire, *Histoire de Charles XII, roi de Suède*. C'est une description écrite dans ce style simple, clair, concis, dont Voltaire avait le secret et qui se révèle dans tous ses ouvrages.

Après avoir lu ce morceau, on est absolument édifié sur la situation de la Suède, son climat, la brusquerie de ses saisons, la richesse de ses étés et la beauté empreinte de tristesse de ses rigoureux hivers.

**Explication des mots.** — *Gradation*, augmentation ou diminution successive et par degrés. — *Ciel serein*, sans nuages, calme. — *Aurore*, lueur entre le point du jour et le lever du soleil. — *Crépuscule*, partie du jour entre le coucher du soleil et la nuit complète. — *Lumière zodiacale*, lumière qui apparaît après le coucher du soleil dans la direction du zodiaque, et qui est très intense dans les contrées boréales.

**Diction.** — Ce morceau doit être dit sur le ton du récit, lentement, avec une voix bien soutenue, et en observant les liaisons : *composentun royaume, gradationsinsensibles, qui amènentailleurs, presque toujourséchauffé*, etc.

---

# LA TORTUE ET LES DEUX CANARDS

*Une tortue était*, à la tête légère,
Qui, lasse de son trou, voulut voir du pays.
*Volontiers on fait cas d'une terre étrangère,*
*Volontiers gens boiteux haïssent le logis.*
      Deux canards à qui la commère
      Communiqua ce beau dessein,
Lui dirent qu'ils avaient de quoi la satisfaire.
      « Voyez-vous ce large chemin?
Nous vous voiturerons, par l'air, en Amérique :
      Vous verrez mainte république,
Maint royaume, maint peuple; et vous profiterez
Des différentes mœurs que vous remarquerez.

*Ulysse* en fit autant. » On ne s'attendait guère
    De voir Ulysse en cette affaire.
La tortue écouta la proposition.
Marché fait, les oiseaux forgent une machine
    Pour transporter la pèlerine.
Dans la gueule en travers on lui passe un bâton.
« Serrez bien, dirent-ils, gardez de lâcher prise. »
Puis chaque canard prend ce bâton par un bout.
La tortue enlevée, on s'étonne partout
    De voir aller en cette guise
    L'animal lent et sa maison,
Justement au milieu de l'un et l'autre *oison*.
« Miracle ! criait-on : venez voir dans les nues
    Passer la reine des tortues.
— La reine ! vraiment oui : je la suis en effet ;
Ne vous en moquez point. » Elle eût beaucoup mieux fait
De passer son chemin sans dire aucune chose ;
Car, lâchant le bâton en desserrant les dents,
Elle tombe, elle crève aux pieds des regardants.
Son indiscrétion de sa perte fut cause.

**Imprudence, babil, et sotte vanité,**
    **Et vaine curiosité,**
    **Ont ensemble étroit parentage :**
    **Ce sont enfants** *tous d'un lignage.*
La Fontaine.

## MAXIME

**Quiconque sans raison s'expose au péril trouvera
bientôt sa perte.**

## CONSEILS PÉDAGOGIQUES

**Explication de la fable.** — Comme la tortue de la fable, beaucoup de gens veulent voir du pays, c'est-à-dire voyager, non pour s'instruire, mais pour en tirer vanité et s'écrier à chaque instant : « J'ai vu ceci, j'ai vu cela, j'ai vu ce que vous ni personne ne verrez jamais. »

Ce sont ces babillards orgueilleux et imprudents que La Fontaine vise ici, et non pas les gens sérieux qui cherchent, dans les voyages, à orner leur esprit par des connaissances utiles.

**Explication des mots.** — *Une tortue était* pour *il était une tortue.* — *Volontiers on fait cas d'une terre étrangère,* c'est-à-dire, tout ce qui est loin paraît beau. — *Volontiers gens boiteux...,* c'est-à-dire les gens boiteux, qui restent forcément au logis, le haïssent volontiers. — *Ulysse,* roi d'Ithaque, le héros de l'odyssée d'Homère, resta vingt ans hors de sa patrie. — *Oison,* petit d'une oie ; il ne faut plus appliquer ce mot aux canards. — *Tous d'un lignage,* c'est-à-dire viennent en droite ligne du même défaut.

*Diction.* — Faites bien sentir la valeur des deux vers : *Volontiers on fait cas,* et, *volontiers gens boiteux,* etc., qui sont de véritables proverbes. Le discours des canards doit être dit d'un ton emphatique. Puis la voix redevient naturelle aux mots : *On ne s'attendait guère,* etc.

Elevez fortement la voix à « *Miracle ! criait-on,* etc. ».

## LA VIGNE ET LE VIGNERON

La Vigne se plaignait un jour au Vigneron
De ce qu'il lui coupait maint et maint *rejeton*
Dont le feuillage épais et le bois inutile,
    Loin de la rendre plus fertile,
    Épuisaient en vain sa *vigueur.*
    « Eh ! pourquoi donc, lui disait-elle,
    Me traitez-vous avec tant de rigueur ?
    Pour mon bien vous montrez du zèle,
    Je suis l'objet de vos sueurs,
Vous m'aimez, cependant vous m'arrachez des pleurs.
    L'amour est-il donc si sévère ?
— Que vous pénétrez peu dans mon intention,
Lui répondit alors le prudent Vigneron :
Vous croyez que ces coups partent de ma colère !
    Ah ! connaissez mieux mon dessein :
    Dans le mal que j'ai pu vous faire,
    Votre intérêt a seul guidé ma main :
Si je ne coupais point tout ce bois inutile,
Vous ne tarderiez pas à devenir stérile ;
Au lieu qu'en vous faisant répandre quelques pleurs,
    Je vous rends beaucoup plus fertile,
Et de *Bacchus* sur vous j'attire les faveurs. »

C'est à vous, jeunes gens, que ma fable s'adresse.
Connaissez à ces traits l'amour et la sagesse
    De ceux qui veillent sur vos mœurs.
S'ils vous font quelquefois éprouver leurs rigueurs,
Ce n'est pas que pour vous ils manquent de tendresse :
Ils cherchent seulement à vous rendre meilleurs.

REYRE.

MAXIME

**Nos parents sont nos meilleurs amis.**

## CONSEILS PÉDAGOGIQUES

**Explication de la fable.** — La morale qui termine cette fable explique clairement l'apologue raconté par l'auteur.

Si vos parents, vos maîtres et tous ceux qui sont chargés de votre éducation, vous grondent ou vous punissent, c'est parce qu'ils vous aiment, enfants, et qu'ils cherchent à écarter de vous des défauts qui pourraient plus tard vous conduire à votre perte.

**Explication des mots.** — *Rejeton*, nouvelle branche d'une plante. — *Vigueur*, force avec laquelle pousse une plante, et qui vient de la sève.

**Diction.** — PRONONCIATION DU MOT *donc*. — Lorsque le mot *donc* est placé au commencement d'une phrase, le *c* se prononce, mais dans le corps d'une phrase, il ne faut pas faire sentir le *c*. Dites : *Eh ! pourquoi don, lui disait-elle*, etc., et non pas *pourquoi donque*.

Dites les paroles de la vigne sur le ton d'un sentiment doux, triste et étonné ; celles du vigneron sur le ton calme et assuré de quelqu'un qui sait ce qu'il fait, qui n'agit pas aveuglément.

---

# LE POÊLE DU PRISONNIER

Il avait été recommandé à *Lamennais*, atteint d'une forte bronchite, de ne prendre que des boissons chaudes et adoucissantes.

Or, un matin, une dame qui avait pour le vieillard la plus filiale affection, allant le visiter dans sa prison, le trouva en train de déjeuner d'une tasse de lait froid.

— Eh quoi ! s'écrie-t-elle en confisquant la tasse et le contenu. Voilà comme vous suivez la prescription du docteur ! Du lait froid, y pensez-vous ? Vous voulez donc aggraver votre mal ?

— Mais non, ma chère enfant, mais non... Ça ne me fera pas de mal, je vous assure, *objecta* timidement Lamennais.

— Je vous assure, moi, répliqua la dame, que c'est très mauvais, très dangereux même. Comme s'il en coûtait beaucoup de faire chauffer cela ; vous avez là votre petit poêle.

— Je sais bien, je sais bien, mais...

— Mais la paresse de l'allumer, n'est-ce pas ?

— Eh bien ! oui, la paresse, vous dites vrai... Mais une autre fois...

— Une autre fois, non pas ! Et puisque la paresse

vous tient si fort quand il s'agit des soins à prendre de votre santé, je l'allumerai, moi, votre poêle, car je n'entends pas que vous buviez froid.

La dame, en parlant ainsi, disposait déjà tout pour faire ce qu'elle venait de dire. Alors le vieillard suppliant :

— Non, laissez cela, n'allumez pas ce poêle, je vous en prie.

— Je ne laisserai rien du tout... »

Et déjà l'allumette flambe. Mais le philosophe d'un air tout alarmé :

— Attendez, attendez, je vais vous dire la vérité.

— La vérité ? répète la dame ébahie, quelle vérité ?

— Eh ! c'est que voyez-vous, il y a des petits oiseaux qui ont mis leur nid là, au dehors, sous le toit, à la sortie du tuyau... et quand je fais du feu, de la fumée... Eh bien ! les pauvres petits, ça les ennuie.

E. MULLER.

## MAXIME

**Les esprits vraiment grands ont le cœur sensible et généreux.**

### CONSEILS PÉDAGOGIQUES

**Réflexions sur le morceau.** — Cette anecdote n'est-elle pas touchante? Lamennais, écrivain et philosophe réformateur, qui traitait les plus grands problèmes de l'humanité, se prendre de pitié pour de petits oiseaux jusqu'à négliger le soin de sa santé !
Voilà un bel exemple à suivre. Soyons doux envers les animaux.

**Explication des mots.** — *Lamennais*, né en 1782, mort en 1854, auteur d'ouvrages philosophiques très appréciés. — *Objecter*, présenter une difficulté à un raisonnement, ou en montrer l'inutilité.

**Diction.** — Prononciation du mot *donc* (suite). — Dans le corps d'une phrase, le *c* du mot *donc* se fait sentir devant une voyelle. Ex: *Vous voulez doncaggraver* votre mal.
Prenez, dans ce dialogue, le ton de la conversation familière. Soutenez bien la voix aux points de suspension ; la phrase n'est pas finie et la voix est coupée nettement.

# LE RAT ET L'ÉLÉPHANT

Se croire un personnage est fort commun en France :
    On y fait l'homme d'importance.
    Et l'on n'est souvent qu'un *bourgeois*.
    C'est proprement le mal *françois* :
La sotte vanité nous est particulière ;
Les Espagnols sont vains, mais d'une autre manière :
    Leur orgueil me semble, en un mot,
    Beaucoup plus fou, mais pas si sot.
    Donnons quelque image du nôtre,
    Qui sans doute en vaut bien un autre.

Un rat des plus petits voyait un éléphant
Des plus gros, et raillait le marcher un peu lent
    De la bête de haut parage,
    Qui marchait à gros équipage.
    Sur l'animal *à triple étage*
    Une *sultane* de renom,
    Son chien, son chat et sa guenon,
Son perroquet, sa vieille, et toute sa maison,
    S'en allait en pèlerinage.
    Le rat s'étonnait que les gens
Fussent touchés de voir cette pesante masse :
Comme si d'occuper ou plus ou moins de place
Nous rendait, disait-il, plus ou moins importants.
Mais qu'admirez-vous tant en lui, vous autres hommes ?
Serait-ce ce grand corps qui fait peur aux enfants ?
Nous ne nous prisons pas, tout petits que nous sommes,
    D'un *grain* moins que les éléphants.
    Il en aurait dit davantage ;
    Mais le chat, sortant de sa cage,

Lui fit voir en moins d'un instant
Qu'**un rat n'est pas un éléphant.**

LA FONTAINE.

## MAXIME

**L'orgueil est le propre des petits esprits et des sots.**

### CONSEILS PÉDAGOGIQUES

**Explication de la fable.** — Encore une leçon pour les gens vaniteux, orgueilleux, qui font les importants et sont étonnés de ce qu'on adresse des éloges aux autres plutôt qu'à eux-mêmes.

À leur avis, ils méritent toutes sortes de louanges et se plaignent très fort du peu de cas qu'on fait de leurs personnes, jusqu'à ce qu'un incident quelconque vienne leur montrer leur faiblesse et mettre à néant leurs ridicules prétentions.

**Explication des mots.** — *Bourgeois.* Du temps de La Fontaine, on appelait bourgeois tout individu qui était dans l'aisance, mais qui n'était pas noble. Beaucoup de bourgeois riches se faisaient passer pour nobles. — *François*, pour *français* ; la terminaison *ais* ne date que du commencement du xix° siècle. — *A triple étage*, allusion à la hauteur de l'éléphant et aussi aux espèces de tentes qu'il porte et où les voyageurs prennent place. — *Sultane*, femme d'un sultan ou prince mahométan. — *Grain*, poids ancien, à peu près la vingtième partie du gramme.

**Diction.** — On peut commencer la récitation de cette fable au vers : *Un rat des plus petits*, etc.

Rendez bien les paroles du rat sur un ton vain et important. Les quatre derniers vers doivent être dits avec une finesse empreinte d'une certaine gaieté.

---

# LE DROMADAIRE ET LE SINGE

« Si tu voulais, mon ami, mon compère,
Me souffrir un peu sur ton dos,
Disait un jeune singe à certain dromadaire,
Qui partageait sa gloire ainsi que ses travaux,
Ce serait charge bien légère,
Et j'arriverais plus dispos. »
Le dromadaire a l'âme bonne,
Il s'y prête, sans hésiter,
Et maître *Bertrand* se cramponne
Si bien de çà, de là, qu'il parvient à monter.
Ensuite que fait-il ? Vraiment on le devine.
Dominé par son mauvais cœur,
Sans cesse il déchire, il *lutine*
Son trop généreux bienfaiteur.
Celui-ci ne dit mot, mais enfin il se lasse,

Et de l'ingrat *se débarrasse*.
De la tête à l'instant l'odieux *sapajou*
    S'en va donner contre un caillou,
    Et le caillou la lui fracasse.

    Hommes, n'imitez pas Bertrand !...
Si vous foulez aux pieds toute reconnaissance,
    Un semblable sort vous attend :
**L'ingratitude enfin lasse la bienfaisance.**

STASSART.

## MAXIME

**Sachez toujours reconnaître les bienfaits.**

### CONSEILS PÉDAGOGIQUES

**Explication de la fable.** — Les gens qui ont véritablement un bon cœur font le bien sans se demander si ceux qu'ils obligent sont des ingrats ; et en cela ils ont raison.

Mais si par hasard ils reçoivent du mal en échange de leur bonne action, qui pourrait les blâmer du mouvement de vengeance qui les emporte ?

La punition du singe est trop forte, sans doute, mais le vilain animal devait tôt ou tard finir ainsi.

Dans la fable *Le villageois et le serpent*, La Fontaine a dit :

> Il est bon d'être charitable :
> Mais envers qui ? C'est là le point.
> Quant aux ingrats, il n'en est point
> Qui ne meure enfin misérable.

**Explication des mots.** — *Bertrand,* nom donné au singe par La Fontaine. — *Lutiner,* tourmenter, agacer. — *Se débarrasse,* en le jetant à terre. — *Sapajou,* petit singe d'Amérique.

**Diction.** — Pas d'arrêt après *certain dromadaire,* bien qu'il y ait une virgule ; dites de même sans arrêt : *Il s'y prête sans hésiter,* etc. Dites la morale sur un ton lent et grave, surtout le dernier vers.

---

# L'AMOUR DE LA VÉRITÉ

La vérité est notre premier devoir et notre premier besoin. Aussi le mensonge, qui viole cette loi et trahit ce besoin, est-il aux yeux de tout le monde un défaut à la fois honteux et funeste. Un menteur, une menteuse sont craints et méprisés : on les fuit parce que leur compagnie peut nuire et qu'elle déshonore. « Mon enfant, disait un jour une mère à sa jeune fille, rien n'est plus grand que la vérité, rien n'est plus digne de notre respect et de notre obéissance. Il suffit de prononcer son nom, pour que chacun proclame son excellence et sa force. L'amour de la vérité, la franchise, sont ce qu'il peut y avoir de plus beau et de plus aimable dans l'âme *d'une jeune fille*. Si elle possède ces qualités, elle se fera pardonner bien des défauts. Il n'y a point de faute commise qui ne perde une grande partie de sa gravité, dès qu'elle est avouée avec *candeur*. Quand on dit d'une jeune fille qu'elle est vraie, ces paroles sont bien simples, et cependant elles expriment le meilleur des éloges. Si vous méritez qu'on vous l'adresse, ma chère fille, vous me donnerez l'espoir de développer facilement en vous toutes les autres qualités qui conviennent à votre sexe et qui assureront votre bonheur. »

Théry.

## MAXIME

**On ne croit jamais un menteur, même quand il dit la vérité.**

### CONSEILS PÉDAGOGIQUES

**Réflexions sur le morceau.** — Oui, l'amour de la vérité, la franchise, sont par elles-mêmes les plus belles des qualités et dénotent un grand caractère chez celui qui les possède. Une personne franche est aimée et estimée, et, comme le dit l'auteur, on est disposé à lui pardonner bien des défauts.

Que si ceux qui ont des dispositions à mentir songeaient aux désagréments que peut leur attirer cette funeste habitude, ils s'en corrigeraient vite. Quelle confiance peut inspirer celui qui s'est exposé à faire douter de sa parole ?

Chose cruelle pour le menteur : il n'est pas cru, même lorsque par hasard il dit la vérité.

**Explication des mots.** — *D'une jeune fille*, ce morceau a été écrit pour les jeunes filles, mais il va sans dire que la morale s'en applique à tout le monde. — *Candeur*, grâce naïve, pureté d'intentions qui exclut tout déguisement, tout mensonge.

**Diction.** — Les syllabes en *au, aut, aud,* etc., sont longues et sombres. Prononcez donc *défaut, autre,* comme s'il y avait défôt, ôtre, et non *défot, ottre.*

La syllabe *eau* est longue dans l'*eau* et brève dans les autres mots en *eau, carreau, berceau,* etc.

Commencez ce morceau sur le ton simple du récit, et prenez un ton plus solennel, le ton de l'invocation, dans les paroles de la mère.

# LE CHÊNE ET LE ROSEAU

Le chêne un jour dit au roseau :
Vous avez bien sujet d'accuser la nature ;
Un *roitelet* pour vous est un pesant fardeau :
Le moindre vent qui d'aventure
Fait rider la face de l'eau,
Vous oblige à baisser la tête ;
*Cependant que* mon front, au Caucase pareil,
Non content d'arrêter les rayons du soleil,
Brave l'effort de la tempête.
Tout vous est aquilon, tout me semble *zéphyr*.
Encor si vous naissiez à l'abri du feuillage
Dont je couvre le voisinage,
Vous n'auriez pas tant à souffrir ;
Je vous défendrais de l'orage :
Mais vous naissez le plus souvent
Sur les humides bords des royaumes du vent.
La nature envers vous me semble bien injuste.
— Votre compassion, lui répondit l'arbuste,
Part d'un bon naturel ; mais quittez ce souci :
Les vents me sont moins qu'à vous redoutables ;
*Je plie et ne romps pas.* Vous avez jusqu'ici
Contre leurs coups épouvantables
Résisté sans courber le dos ;
*Mais attendons la fin.* Comme il disait ces mots,
Du bout de l'horizon accourt avec furie
Le *plus terrible des enfants*
Que le Nord eût portés jusque-là dans ses flancs.
L'arbre tient bon, le roseau plie.
Le vent redouble ses efforts,
Et fait si bien qu'il déracine
Celui de qui la tête *au ciel était voisine*,
Et dont les pieds touchaient à l'empire des morts

La Fontaine.

## MAXIME

**C'est souvent au moment où l'homme se croit le
plus puissant que le malheur frappe à sa porte.**

## CONSEILS PÉDAGOGIQUES

**Analyse de la fable.** — La Fontaine met ici en présence le puissant
qui tire orgueil de sa force, et le faible que sa condition oblige à une
certaine humilité.

Le premier, aveuglé par son pouvoir, prétend que rien ne pourra l'ébranler, et il est pris d'une sorte de pitié dédaigneuse pour son chétif voisin ; le second qui, menacé sans cesse, a dû, pour se maintenir, beaucoup observer, juge différemment de l'avenir.

Et c'est ce dernier qui a raison.

Qu'un événement soudain, une révolution survienne, et voilà l'homme puissant abattu et anéanti ; l'autre n'a qu'à baisser un peu la tête, c'est-à-dire à se dissimuler, pour laisser passer l'orage.

Sous le rapport littéraire, jamais La Fontaine n'a été plus heureux que dans cette fable, où il a déployé une grande magnificence de style. Tous les vers sont beaux ; quelques-uns, comme :

> Cependant que mon front au Caucase pareil,

et

> Celui de qui la tête au ciel était voisine
> Et dont les pieds touchaient à l'empire des morts

sont admirables.

**Explication des mots.** — *Roitelet*, l'un des plus petits oiseaux de nos climats. — *Cependant que*, on dirait plutôt aujourd'hui *et cela pendant que*. — *Aquilon*, vent du nord qui souffle en tempête. — *Zéphyr*, vent doux. — *Je plie et ne romps pas*, c'est-à-dire le vent me courbe, mais ne me brise pas. — *Mais attendons la fin*, c'est-à-dire nous verrons quelle sera la fin de tout cela. — *Le plus terrible des enfants*, c'est-à-dire, le vent le plus violent. — *Au ciel était voisine*, pour *du ciel*.

**Diction.** — Cette belle fable doit être dite bien lentement, d'un ton grave et majestueux dans les paroles du chêne, insouciant et assuré dans celles du roseau. Faites sentir les efforts du vent, après le dialogue, et dites avec beaucoup d'ampleur les deux derniers vers : *celui de qui la tête*, etc.

---

# LE LION DE FLORENCE

Près des murs de Florence, une coutume antique.
Consacrait tous les ans une fête *rustique :*
Le peuple des hameaux dans les champs d'alentour,
En chœur vient du printemps saluer le retour.
Tout à coup, ô terreur ! un formidable *accent*
Perce la profondeur du bois retentissant :
Un Lion, l'œil en feu, se présente à la vue :
Tout fuit. Dans ce désordre, une mère éperdue

Emporte son enfant... Dieu ! ce fardeau chéri,
De ses bras échappé, tombe : elle jette un cri,
S'arrête. Il est déjà sous la dent dévorante ;
Elle le voit, frémit, reste pâle, mourante,
Immobile, l'œil fixe et les bras étendus.
Elle reprend ses sens un moment suspendus :
La frayeur l'accablait, la frayeur la ranime.
O prestige d'amour ! ô *délire* sublime !
Elle tombe à genoux : « Rends-moi, rends-moi mon fils ! »
Ce Lion si farouche est ému par ses cris,
La regarde, s'arrête, et la regarde encore :
Il semble deviner qu'une mère l'implore ;
Il attache sur elle un œil tranquille et doux,
Lui rend ce bien si cher, le pose à ses genoux,
Contemple de l'enfant le paisible sourire,
Et dans le fond des bois lentement se retire.

MILLEVOYE.

## MAXIME

**Le dévouement maternel n'a pas de bornes.**

### CONSEILS PÉDAGOGIQUES

**Explication du morceau.** — Ce trait sublime nous montre la puissance de l'amour maternel. La mère seule peut jeter ce cri du cœur, capable d'étonner et d'émouvoir l'animal le plus sanguinaire. N'est-ce pas une horrible douleur pour une mère de voir son enfant périr sous ses yeux. Le lion, dont le caractère est généreux plutôt que cruel, et qui aime lui-même beaucoup ses petits, est capable de comprendre un pareil sentiment.

**Explication des mots.** — *Fête rustique,* c'est-à-dire fête champêtre. — *Accent,* c'est-à-dire cri, rugissement. — *Délire,* égarement d'esprit, folie.

**Diction.** — Après les quatre premiers vers, prenez le ton de l'épouvante ; pressez le débit depuis *Dans ce désordre,* jusqu'à *les bras étendus.* Prenez le ton de l'exaltation aux deux vers : *ô prestige d'amour,* etc. Le reste est dit d'une voix calme et lente.

---

# LE PEUPLE FRANÇAIS

Ainsi qu'il convient à un peuple qui sert d'intermédiaire naturel pour les idées, le Français arrivé au plein développement de son être a, parmi les hommes, la vertu spéciale de la *sociabilité :* à cet égard, il est, de l'aveu de tous, celui qui approche le plus de la perfection. Un sentiment de bienveillance naturelle le porte vers son semblable, un esprit d'*équité* le guide dans ses relations avec tous ; il charme par ses prévenances et retient par son amabilité ; en toutes choses, il sait agir avec mesure et discrétion ; il aime à plaire par le costume et les manières, mais sans les *outrer ;* il excelle dans l'art de bien dire, et pourtant il fait valoir son esprit sans porter tort à celui des autres. Plus encore que le Français, la Française peut être considérée à cet égard comme représentant la plus haute expression du caractère national. A ses vertus de famille, l'ordre, l'économie, la prudence, la promptitude de décision dans les choses du ménage et des affaires, elle ajoute des qualités sociales qui lui donnent un charme tout particulier, le bon sens, le naturel, l'esprit, l'*à-propos ;* elle ravit par sa conversation et c'est à elle surtout qu'est dû l'attrait de la société française. Il est rare que les étrangers ne se plaisent pas en France ; il est plus rare encore que des Français ne se sentent pas malheureux loin de leur patrie : il est peu d'hommes auxquels pèse plus durement le fardeau de l'exil.

Élisée Reclus.

(*Géographie universelle.*)

### MAXIME

**L'exilé partout est seul.**

### CONSEILS PÉDAGOGIQUES

**Explication du morceau.** — Voilà un charmant portrait de la nation française ; il est impossible de peindre un caractère avec plus de simplicité et de vérité. L'auteur distingué de la *Géographie universelle* est l'un des maîtres dans l'art d'écrire et il n'a jamais été mieux inspiré que dans ce magnifique ouvrage où tout est dit avec justesse et selon un grand esprit d'impartialité.

**Explication des mots.** — *Sociabilité,* qualité de celui qui aime à vivre en société. — *Équité,* droiture, justice. — *Outrer,* aller au delà de ce qui est raisonnable. — *L'à-propos,* chose dite ou faite à propos, c'est-à-dire au moment convenable.

**Diction.** — Prononciation du mot *un*. — Le mot *un* se prononce en arrondissant les lèvres, et non pas en les écartant. Dites : **eun** *sentiment de bienveillance,* **eun** *esprit d'équité,* et non pas ; **in** *sentiment,* **in** *esprit.*

Dites ce morceau sur un ton simple et aimable. Appuyez un peu sur le passage où il est question de la Française pour mieux faire ressortir la comparaison.

---

# LE ROI BOITEUX

Un roi d'Espagne, ou bien de France,
Avait un cor, un cor au *pié ;*
C'était au pied gauche, je pense ;
Il boitait à faire pitié.

Les courtisans, espèce adroite,
S'appliquèrent à l'imiter,
Et, qui de gauche, qui de droite,
Ils apprirent tous à boiter.

On vit bientôt le bénéfice
Que cette mode rapportait,
Et *de l'antichambre à l'office,*
Tout le monde boitait, boitait.

Un jour, un seigneur de province,
Oubliant son nouveau métier,
Vint à passer devant le prince
Ferme et droit comme un peuplier.

Tout le monde se mit à rire,
Excepté le roi qui, tout bas,
Murmura : — Monsieur, *qu'est-ce à dire ?*
Je crois que vous ne boitez pas.

— Sire, quelle erreur est la vôtre !
Je suis criblé de cors ; voyez :
Si je marche plus droit qu'un autre,
C'est que je boite des deux pieds.

G. Nadaud.

(*Chansons.*)

MAXIME

**Tout flatteur vit aux dépens de celui qui l'écoute.**

## CONSEILS PÉDAGOGIQUES

**Explication du morceau.** — Cette poésie est une critique à l'adresse des courtisans et des flatteurs, toujours disposés à louer les puissants jusque dans leurs défauts. Ils savent bien qu'en agissant ainsi, ils en obtiendront faveurs et bénéfices.

C'est un malheur, pour l'homme qui occupe une situation importante, d'être entouré de pareilles gens.

**Explication des mots.** — *Pié*, licence poétique, pour *pied*. — *Antichambre*, pièce où se tiennent les courtisans, les personnes qui désirent une audience. — *Office*, lieu où l'on prépare le dessert, où l'on serre le linge de table. — *Qu'est-ce à dire*, que dites-vous ? et, par extension, *que faites-vous ?*

**Diction.** — Cette poésie doit être dite avec finesse et esprit. Redressez-vous en disant : *Ferme et droit comme un peuplier*. La question du roi est faite sur un ton sérieux, mêlé de surprise et de reproche. La réponse du courtisan doit être un peu hésitante et embarrassée, et on sent qu'à la fin il se tire d'affaire par un trait d'esprit soudain.

---

# LA GALETTE LORRAINE

Le feu flambe au four, un peu clair
    De *ramille* et de *brande*,
Et le pain chaud embaume l'air
    De son odeur friande.
    « Payse, prends sur le buffet
    Le grand plateau de frêne
Et montre aux enfants comme on fait
    La galette lorraine. »

    D'avance tout est préparé
    Dans la *huche* entr'ouverte :
Fleur de froment, beurre paré
    D'un lit de vigne verte,

Œufs frais pondus de ce matin
    Et crème virginale
Sentant le *fenouil* et le *thym*
    De la friche natale.

La payse d'un doigt léger
    Pétrit la pâte fine ;
Tout autour d'elle on voit neiger
    De la fleur de farine ;
Les marmots au regard charmant
    D'un bleu de violette,
Parmi ce neigeux *poudroiement*,
    Contemplent la galette.

« N'épargne pas le beurre ! Encor,
    Payse, à pleine tranche !
Bats les œufs jaunes comme l'or
    Avec la crème blanche !
Puis, lentement, avec amour,
    Répands-les sur la pâte.
C'est parfait ! maintenant, au four,
    Au four, et qu'on se hâte ! »

Toute chaude sur le *bahut*,
    Savoureuse, alléchante,
Voici la galette... Salut !
    Toi qu'on aime et qu'on chante
Du pays messin au *Barrois*,
    Des Vosges à l'*Argonne*,
Partout où le mâle patois
    Des vieux Lorrains résonne.

Qu'on apporte le *vin du cru*
    A sève pétillante,
Et trinquons ferme, arrosons *dru*
    La galette bouillante ;
Buvons au commun souvenir,
    A la commune haine,
Aux revanches de l'avenir,
    A la libre Lorraine.

André Theuriet.

## MAXIME

**L'homme, arraché à sa patrie, n'en perd jamais
le souvenir.**

## CONSEILS PÉDAGOGIQUES

**Analyse du morceau.** — N'est-ce pas un joli sujet que celui de cette galette patriotique? Et comme les vers sont harmonieux et expriment clairement toutes les phases de l'apprêt, de la confection, de la cuisson.

Il semble qu'on voie la blanche farine, dorée par la crème, les œufs et le beurre, puis la galette battue, pétrie, mise au four et servie fumante sur la table, à côté du vin clairet et pétillant.

La strophe finale contient une note d'espoir, allusion à la Lorraine perdue aujourd'hui, mais qui fera un jour retour à la patrie.

**Explication des mots.** — *Ramille*, petit rameau, petite branche d'arbre. — *Brande*, sorte de bruyère. — *Huche*, grand coffre de bois pour pétrir le pain. — *Fenouil* et *thym*, plantes odoriférantes. — *Poudroiement*, effet produit par une poudre brillante. — *Bahut*, meuble ancien, en forme de commode ou d'armoire. — *Barrois*, ancienne province dont la capitale était Bar-le-Duc. — *Argonne*, contrée de France qui a formé une partie des départements de la Meuse et des Ardennes. — *Vin du cru*, vin du pays même où on le consomme. — *Dru*, en grande quantité, fréquemment.

**Diction.** — Dites tout ce morceau d'une voix claire et gaie; appuyez sur les apostrophes : *Payse*, prends sur le buffet, etc. *n'épargne pas le beurre*, etc. Pas d'arrêt aux expressions... *et crème virginale sentant*, etc.. *au four au four*, bien qu'il y ait des virgules. Aux quatre derniers vers, la voix s'assombrit et l'on termine par un *vivat*.

---

# LA RÉVOLUTION FRANÇAISE

En invitant le paysan à l'acquisition des *biens nationaux*, en le mariant à la terre, la révolution de 1789 est devenue ainsi solide, durable, éternelle ; ralentie plusieurs fois, elle reprend toujours, continue son mouvement. C'est qu'elle ne s'assit pas seulement sur le sol mobile des villes, qui monte et qui baisse, qui bâtit et démolit. Elle s'engagea dans la terre et dans *l'homme de la terre*. Là est la France durable, moins brillante et moins inquiète, mais solide, la France en soi. Nous changeons, elle ne change pas. Ses races sont les mêmes depuis bien des siècles ; ses idées semblent les mêmes ; ce qui est plus vrai, c'est qu'elle avance par un travail insensible et *latent*, comme se fait tout changement dans les grandes forces de la nature, non *surexcitées* par la passion qui use et dévore. Cette France, dans cent ans, dans mille ans, sera toujours entière et forte ; elle ira, comme aujourd'hui, songeant et labourant sa terre, lorsque depuis longtemps nous autres, population *éphémère* des villes, nous aurons enfoui dans l'oubli nos systèmes et nos ossements.

MICHELET.

## MAXIME

**Le jour où la France s'éteindrait, le crépuscule se ferait sur la terre.**

### CONSEILS PÉDAGOGIQUES

**Explication du morceau.** — Michelet nous montre ici le cultivateur comme la plus ferme base de la société créée par la Révolution française.

La vraie France, en effet, ne réside pas seulement dans les villes, où l'esprit se développe, où fleurissent les sciences et les arts, mais aussi et surtout dans les campagnes, parmi ces rudes travailleurs de la terre qui sont d'autant plus attachés au sol de la patrie qu'ils en possèdent presque tous aujourd'hui un petit morceau.

**Explication des mots.** — *Biens nationaux*, biens du clergé et des émigrés, confisqués pendant la Révolution au profit de la nation, et vendus aux fermiers et aux paysans. — *L'homme de la terre*, c'est-à-dire le cultivateur. — *Latent*, qui est caché, qui n'est pas apparent. — *Surexcité*, dont l'énergie vitale est augmentée. — *Éphémère*, qui ne dure pas longtemps, qui passe vite.

**Diction.** — Ce morceau exige d'un bout à l'autre un ton calme, ferme, assuré. Appuyez sur le passage : *Là, est la France durable*, etc., et surtout sur le mot *solide*.

---

# LE COCHE ET LA MOUCHE

Dans un chemin montant, sablonneux, malaisé,
   Et de tous les côtés au soleil exposé;
   Six forts chevaux tiraient un *coche*.
Femmes, moines, vieillards, tout était descendu :
   L'attelage suait, soufflait, *était rendu.*
Une mouche survient, et des chevaux s'approche,
Prétend les animer par son bourdonnement,
Pique l'un, pique l'autre, et pense à tout moment
   Qu'elle fait aller la machine.
   S'assied sur le timon, sur le nez du cocher.
     Aussitôt que le char chemine,
     Et qu'elle voit les gens marcher,
  Elle s'en attribue uniquement la gloire,
Va, vient, fait l'empressée : il semble que ce soit
Un *sergent de bataille* allant à chaque endroit

Faire avancer ses gens et hâter la victoire.

    La mouche, en ce commun besoin,
Se plaint qu'elle agit seule, et qu'elle a tout le soin;
Qu'aucun n'aide aux chevaux à se tirer d'affaire.

    Le moine lisait son *bréviaire :*
Il prenait son temps! une femme chantait :
C'était bien de chansons qu'alors il s'agissait!
Dame mouche s'en va chanter à leurs oreilles,

    Et fait cent sottises pareilles.
Après bien du travail, le coche arrive *au haut.*
Respirons maintenant, dit la mouche aussitôt :
J'ai tant fait que nos gens sont enfin dans la plaine.
Çà, messieurs les chevaux, payez-moi de ma peine.


    **Ainsi, certaines gens faisant les empressés,**
      **S'introduisent dans les affaires :**
      **Ils font partout les nécessaires,**
  **Et, partout importuns, devraient être chassés.**

La Fontaine.


## MAXIME

**Une once de discrétion vaut une livre d'esprit.**


### CONSEILS PÉDAGOGIQUES

**Analyse de la fable.** — Quel mouvement, quelle vie, quelle vérité dans toute cette fable. Il serait difficile de trouver rien de plus parfait que le tableau de cette mouche ridicule qui s'agite étourdiment, se donne de l'importance, ne prend pas le temps de respirer, et à laquelle personne ne fait seulement attention.

C'est bien l'image de l'importun brouillon qui se mêle maladroitement de toutes choses, qui ne s'aperçoit pas du peu de cas que l'on fait de ses conseils et de son opinion et que l'on surnomme finement *la mouche du coche.*

**Explication des mots.** — *Coche,* grande voiture publique dans laquelle on voyageait autrefois. — *Être rendu,* être très fatigué. — *Sergent de bataille,* officier dont la fonction était de ranger les troupes en bataille. — *Bréviaire,* livre où se trouve l'office que les ecclésiastiques sont tenus de lire chaque jour. — *Au haut,* c'est-à-dire au haut de la montagne.

**Diction.** —. Appliquez ici la prononciation de *un* dans *un coche, commun besoin, partout importuns;* prononcez bien eun, commeun; importeuns, et non pas in, commin, etc.

Faites bien sentir les gradations en augmentant un peu la voix, dans : *Femmes. moines, vieillards,* etc., et *suait, soufflait,* etc. Que votre ton imite l'empressement de la mouche. Ralentissez au passage : *Il prenait son temps,* etc. Faites sentir la respiration de la mouche, etc., etc.

Comptez toujours quatre ou cinq secondes avant de dire la morale.

## DIS-MOI QUEL EST TON PAYS

Dis-moi quel est ton pays :
Est-ce la France ou l'Allemagne ?
C'est un pays de plaine et de montagne,
Une terre où les blonds épis
En été couvrent la campagne ;
Où l'étranger voit, tout surpris,
*Les grands houblons*, en longues lignes,
Pousser joyeux au pied des vignes
Qui couvrent les vieux coteaux gris !
La terre où vit la forte race
Qui regarde toujours les gens en face...
C'est la vieille et loyale Alsace !

Dis-moi quel est ton pays :
Est-ce la France ou l'Allemagne ?
C'est un pays de plaine et de montagne,
Que les vieux Gaulois ont conquis
Deux mille ans avant Charlemagne...
Et que l'étranger nous a pris !
C'est la vieille terre française
De Kléber, de la *Marseillaise !*...
La terre des soldats hardis
A l'intrépide et froide *audace*,
Qui regardent toujours la mort en face !
C'est la vieille et loyale Alsace !

Dis-moi quel est ton pays :
Est-ce la France ou l'Allemagne ?
C'est un pays de plaine et de montagne
Où poussent avec les épis,
Sur les monts et dans la campagne,
La haine de tes ennemis,
Et l'amour profond et vivace,
O France, de ta noble race !
Allemands, voilà mon pays !
Quoi que l'on dise et quoi qu'on fasse,
**On changera plutôt le cœur de place,**
**Que de changer la vieille Alsace !**

ERCKMANN-CHATRIAN.

## MAXIME

**Les Alsaciens sont nos frères ; jeune Français, souviens-toi !**

### CONSEILS PÉDAGOGIQUES

**Explication du morceau.** — Ces strophes sont l'œuvre de deux Alsaciens, MM. Erckmann et Chatrian (qui signent Erckmann-Chatrian), auteurs d'ouvrages bien connus où souffle l'esprit du plus pur patriotisme.

Tout est beau dans ces vers. Quelle belle description de l'Alsace, cette terre aux « blonds épis », aux « grands houblons », aux « vieux coteaux gris », cette « terre française de Kléber, de la *Marseillaise* » ! Et que de virilité dans les deux derniers vers de chaque strophe !

**Explication des mots.** — *Les grands houblons.* Le houblon, qui entre dans la fabrication de la bière, est une plante grimpante soutenue par de hautes perches ; sa culture est très répandue en Alsace. — *La Marseillaise* fut composée et chantée par Rouget de Lisle à Strasbourg. — *Audace*, grande hardiesse, mépris du danger.

**Diction.** — Dites ce morceau très lentement, sur un ton d'énergie sombre mêlée d'admiration. Le vers : *Et que l'étranger nous a pris* est dit sur le ton de regret. Appuyez fortement sur le dernier vers de chaque strophe, et en particulier sur les deux vers : *On changera plutôt,* etc.

---

# BIENFAISANCE ET DISCRÉTION

Un jour que je me promenais sur les *falaises*, je vis sur l'herbe *drue* un homme dont les vêtements annonçaient la plus affreuse misère ; un vieux chapeau *fauve et chauve* était rabattu sur ses yeux ; son habit avait été noir et avait eu des boutons ; ses bas s'étaient percés à travers les trous de ses bottes; sa barbe accusait une végétation de cinq à six jours.

Ému de compassion, je m'arrêtai à contempler ce *specimen* d'une triste misère. Tout à coup, je tirai de ma poche une pièce de cinq francs, et je l'enveloppai bien serrée dans un morceau de journal. Alors, faisant un détour, je m'avançai presque en rampant jusqu'à l'homme endormi. J'avais aperçu une poche de pantalon *béante*, depuis longtemps dépourvue du bouton destiné à la fermer; *car pourquoi l'aurait-on fermée?* Je faisais un pas, puis j'attendais que le léger bruit que fait en se relevant l'herbe comprimée eût cessé. Jamais un chat, voulant surprendre un oiseau, ne fut plus patient. Jamais un voleur ne retint autant son haleine. J'arrivai debout derrière la tête du dormeur; là, je me permis de respirer franchement une fois. Puis je me baissai lentement, puis j'étendis le bras, et j'*insinuai* doucement ma main dans cette poche béante, *affamée;* puis j'y posai le petit paquet. Je retirai ma main, je me relevai, je m'éloignai avec les mêmes précautions; le pauvre diable ne s'était pas réveillé.

Oh! le cher homme, quel grand plaisir il me fit ce jour-là! et comme j'aurais voulu, par reconnaissance, lui avoir donné davantage! Si par hasard ces lignes tombent sous ses yeux, qu'il reçoive mes remerciements!

A. KARR.

## MAXIME

**La façon de donner vaut mieux que ce que l'on donne.**

## CONSEILS PÉDAGOGIQUES

**Analyse du morceau.** — Jolie narration du célèbre romancier Alphonse Karr. Comme la misère du pauvre homme est bien décrite, ses vêtements, son vieux chapeau, et jusqu'à cette poche de pantalon dépourvue de bouton (car autrefois la poche se fermait à l'aide d'un bouton). « *Pourquoi l'aurait-on fermée?* » dit finement l'auteur. Hélas! oui, pourquoi fermer une poche dans laquelle il n'y a rien?

Il y a aussi une morale à tirer de ce morceau : faire le bien sans en tirer vanité, sans même se faire connaître, telle doit être la règle de conduite de tout homme vraiment charitable.

**Explication des mots.** — *Falaises*, terres ou rochers escarpés le long de la mer. — *Drue*, serrée. — *Fauve et chauve*, ayant perdu sa couleur noire et son pelage. — *Spécimen*, modèle, échantillon. — *Béante*, ouverte toute grande. — *Insinuer*, signifie ici glisser adroitement. — *Affamée*, jolie figure qui montre qu'il n'y avait pas un sou dans la poche : c'était le pauvre homme qui était affamé.

**Diction.** — La terminaison *ais, ait, aient*, de l'imparfait et du conditionnel a le son de l'*è* ouvert. Appliquez ce principe dans les mots : *je me promenais, annonçaient, j'attendais, j'aurais*, etc.

Celle du passé défini et du futur simple, au contraire, a le son de l'*é* fermé, comme nous l'avons vu plus haut (page 40); songez-y en prononçant : *je m'arrêtai, je tirai, j'insinuai, je m'éloignai*, etc.

Le mot *spécimen* se prononce : *spécimène*.

Nuancez bien ce morceau dans lequel votre voix exprimera tour à tour la pitié, l'émotion, la crainte d'être entendu, le soulagement.

La fin est dite sur le ton de la satisfaction mêlée de bonheur et de finesse.

## LE COQ ET LE RENARD

Sur la branche d'un arbre était en sentinelle
  .Un vieux coq adroit et *matois*.
— Frère, dit un renard, adoucissant sa voix,
  Nous ne sommes plus en querelle;
  Paix générale cette fois.
Je viens te l'annoncer : descends, qué je t'embrasse :
  Ne me retarde point, de grâce;
Je dois faire aujourd'hui vingt postes sans manquer.
  Les tiens et toi pouvez *vaquer*,
  Sans nulle crainte, à vos affaires;
  Nous vous y servirons en frères.
  *Faites-en les feux* dès ce soir ;
  Et cependant viens recevoir
  Le baiser *d'amour fraternelle!*
— Ami, reprit le coq, je ne pouvais jamais

Apprendre une plus douce et meilleure nouvelle
>> Que celle
>> De cette paix ;
>> Et ce m'est une double joie
De la tenir de toi. Je vois deux lévriers
>> Qui, je m'assure, sont courriers
>> Que pour ce sujet on m'envoie :
Ils vont vite, et seront dans un moment à nous.
Je descends : nous pourrons nous entre-baiser tous.
— Adieu, dit le renard ; ma *traite* est longue à faire :
Nous nous réjouirons du succès de l'affaire
>> Une autre fois. Le galant aussitôt
>> *Tire ses grègues, gagne au haut,*
>> Mal content de son *stratagème.*
>> Et notre vieux coq en soi-même
>> Se mit à rire de sa peur ;
Car c'est double plaisir de tromper le trompeur.

La Fontaine.

## MAXIME

**Démêlez la vertu d'avec ses apparences.**

### CONSEILS PÉDAGOGIQUES

**Explication de la fable.** — Cette fois maître renard n'a pas affaire au corbeau lourd, empesé et accessible à la vaine flatterie ; le « vieux coq adroit et matois » lui donne une leçon de finesse et de ruse qui, s'adressant au madré compère, n'est pas sans causer au lecteur quelque satisfaction.

Vous pensez que le renard n'a pas envie d'attendre l'arrivée des deux lévriers annoncés par le coq et qui ne feraient de lui qu'une bouchée.

Ne trompez jamais personne ; mais si quelqu'un agit de ruse avec vous pour vous porter préjudice, ne craignez point d'employer vous-même quelque stratagème inoffensif pour l'effrayer et le mettre en fuite.

**Explication des mots.** — *Matois,* rusé, madré. — *Vaquer à ses affaires,* c'est-à-dire s'en occuper. — *Faites-en les feux,* c'est-à-dire faites-en des feux de joie, réjouissez-vous. — *Amour fraternelle,* amour est aujourd'hui masculin au singulier. — *Traite,* ce que l'on parcourt de chemin sans s'arrêter. — *Tire ses grègues,* s'enfuit. Les grègues étaient le haut-de-chausse ou la culotte : on les tirait pour mieux courir. — *Gagne au haut,* c'est-à-dire s'enfuit au loin. — *Stratagème,* ruse de guerre : au figuré, finesse, subtilité.

**Diction.** — Quand la morale n'est pas nettement détachée du morceau, ne faites que la pause indiquée par le signe de ponctuation qui précède, et amenez peu à peu le ton grave qui convient. Ex. : Et notre vieux coq en soi-même se mit à rire de sa peur ; (ton plus grave) *car c'est double plaisir,* etc.

Saisissez bien le ton rusé et patelin du renard. La réponse du coq est faite sur un ton railleur et assuré. Quant aux dernières paroles du renard, elles doivent être dites d'un ton embarrassé, hésitant : *Nous nous... réjouirons du succès de l'affaire... une autre fois.*

# LE LÉOPARD ET L'ÉCUREUIL

Un écureuil sautant, gambadant sur un chêne,
Manqua sa branche, et vint, par un triste hasard,
  Tomber sur un vieux léopard
   Qui faisait sa *méridienne*.
Vous jugez s'il eut peur ! *En sursaut* s'éveillant,
  L'animal irrité se dresse ;
  Et l'écureuil s'agenouillant,
Tremble et se fait petit aux yeux de *son altesse*.
  Après l'avoir considéré,
  Le léopard lui dit : « Je te donne la vie,
  Mais à condition que de toi je saurai
Pourquoi cette gaîté, ce bonheur que j'envie,
Embellissent tes jours, ne te quittent jamais,
  Tandis que moi, roi des forêts,
  Je suis si triste et je m'ennuie.
  — Sire, lui répond l'écureuil,
  Je dois à votre bon accueil
  La vérité ; mais, pour la dire,
Sur cet arbre un peu haut je voudrais être assis
  — Soit, j'y consens : monte. — J'y suis.
  A présent je veux vous instruire.
  Mon grand secret pour être heureux
  C'est de vivre dans l'innocence ;
L'ignorance du mal fait toute ma science ;
Mon cœur est toujours pur, cela rend bien joyeux.
Vous ne connaissez pas la *volupté suprême*
De dormir sans *remords ;* vous mangez les chevreuils,
Tandis que *je partage à tous les écureuils*
Mes feuilles et mes fruits ; vous haïssez, et j'aime :
Tout est dans ces deux mots. Soyez bien convaincu
De cette vérité que je tiens de mon père :
**Lorsque notre bonheur nous vient de la vertu,
La gaîté vient bientôt de notre caractère.** »

FLORIAN.

## MAXIME

**Sans l'innocence il n'est pas de bonheur.**

## CONSEILS PÉDAGOGIQUES

**Explication de la fable.** — L'écureuil est prudent lorsqu'il dit : « Sur cet arbre, un peu haut je voudrais être assis ». Les grands, les puissants n'aiment pas trop qu'on leur dise la vérité, et il était sage à l'écureuil de se mettre hors de la portée des griffes du léopard.

Mais une fois là-haut, comme il lui expose bien ce « grand secret pour être heureux » et comme il met bien en regard ce qu'il faut faire et ce qu'il faut éviter !

« Vous haïssez et j'aime : » tout est contenu en effet dans ces deux mots. Un autre auteur a dit quelque part :

*Aimez et l'on vous aimera.*

**Explication des mots.** — *Méridienne* ou *sieste,* repos que l'on prend dans les pays chauds après le repas de midi. — *En sursaut,* subitement, par une circonstance soudaine. — *Son altesse,* titre d'honneur attribué aux princes. — *Volupté suprême,* plaisir des sens plutôt que de l'esprit, il faudrait ici *bonheur* et non *volupté.* — *Je partage à tous,* c'est-à-dire je partage avec tous.

**Diction.** — Faites une légère pause avant les pronoms conjonctifs, *qui, que, dont,* etc. Ex : *Un écureuil | sautant | gambadant sur un chêne | manqua sa branche | et vint par un triste hasard | tomber sur un vieux léopard | qui faisait sa méridienne.* De même : .... *Mais à condition | que de toi je saurai pourquoi,* etc. Dites : *Sur cet arbre | un peu haut je voudrais,* etc., et non pas : *Sur cet arbre un peu haut | je voudrais,* etc., car *haut* modifie *être assis.*

Ton noble et triste dans les paroles du léopard, doux et tranquille dans celles de l'écureuil, grave dans les deux derniers vers.

---

# LE ROI DES NORTHMANS

En trois jours de traversée par le vent d'est, les flottes de barques à deux voiles des *Danois* et des *Norvégiens* arrivaient au sud de la *Bretagne.* Les soldats de chaque flotte obéissaient, en général, à un chef unique, dont le vaisseau se distinguait des autres par quelque ornement particulier. C'était le même chef qui commandait encore lorsque les pirates débarqués marchaient en bataillons, soit à pied, soit à cheval. On le saluait du titre germanique que les langues du Midi rendent par le mot *roi;* mais il n'était roi que sur mer et dans le combat ; car, à l'heure du festin, toute la troupe s'asseyait en cercle, et les cornes remplies de bière passaient de main en main sans qu'il y eût ni premier ni dernier. Le roi de mer était partout suivi avec fidélité et toujours obéi avec zèle, parce que toujours il était renommé comme le plus brave entre les braves, comme celui qui n'avait jamais dormi sous un toit de planches, qui jamais n'avait vidé la coupe auprès d'un foyer abrité.

Augustin Thierry.

*(Histoire de la Conquête d'Angleterre par les Normands.)*

## MAXIME

### La discipline et l'obéissance sont les premiers devoirs du soldat.

### CONSEILS PÉDAGOGIQUES

**Explication du morceau.** — L'auteur peint les mœurs des pirates barbares qui pillèrent la France et l'Angleterre pendant de longues années.

L'idée principale porte sur leur roi qui n'était pas un roi à la manière de ceux d'aujourd'hui, mais un simple chef n'ayant de prestige que pendant la guerre et redevenant l'égal des autres pendant la paix.

**Explication des mots.** — *Danois*, habitant du Danemark. — *Bretagne*, il s'agit ici de la Grande-Bretagne, du sud de l'Angleterre. — *Roi*, en latin *rex, rector*, en germain, *kong, koning, king*.

**Diction.** — Faites une légère pause après *Norvégiens*, après *commandait encore*, après *débarqués*, bien qu'il n'y ait aucun signe de ponctuation. — Souvenez-vous de la prononciation des mots *les, des, ces*, etc., où l'*e* est ouvert.

Le ton est le même qu'au morceau « *Un repas chez les Gaulois* » (page 42).

---

# LE COCHET, LE CHAT
# ET LE SOURICEAU

Un *souriceau* tout jeune, et qui n'avait rien vu,
    Fut presque pris *au dépourvu*.
Voici comme il conta l'aventure à sa mère :
« J'avais franchi les monts qui bornent cet Etat,
    Et trottais comme un jeune rat
    Qui cherche à se donner carrière,
Lorsque deux animaux m'ont arrêté les yeux.
    L'un doux, bénin et gracieux,
Et l'autre turbulent, et plein d'inquiétude ;
    Il a la voix perçante et rude,
    Sur la tête *un morceau de chair*,
Une sorte de bras dont il s'élève en l'air
    Comme pour prendre sa volée,
    La queue en panache étalée. »
Or c'était un *cochet*, dont notre souriceau
    Fit à sa mère le tableau,
Comme d'un animal venu de l'Amérique.
Il se battait, dit-il, les flancs avec *ses bras*,
    Faisant tel bruit et tel fracas,

Que moi, qui, grâce aux dieux, *de courage me pique*,
  En ai pris la fuite de peur,
  Le maudissant de très bon cœur.
  Sans lui j'aurais fait connaissance
Avec cet animal qui m'a semblé si doux.
  Il est velouté comme nous,
*Marqueté*, longue queue, une humble contenance,
Un modeste regard, et pourtant l'œil luisant.
  Je le crois fort *sympathisant*
Avec messieurs les rats; car il a des oreilles
  En figure aux nôtres pareilles.
Je l'allais aborder, quand d'un son plein d'éclat
  L'autre m'a fait prendre la fuite.
— Mon fils, dit la souris, ce doucet est un chat;
  Qui, sous son minois hypocrite,
  Contre toute ta parenté
  D'un malin vouloir est porté.
  L'autre animal, tout au contraire,
  Bien éloigné de nous mal faire,
Servira quelque jour peut-être à nos repas.
Quant au chat, c'est sur nous qu'il fonde sa cuisine.

  **Garde-toi, tant que tu vivras,**
  **De juger les gens sur la mine.**

LA FONTAINE.

## MAXIME

**N'accordez pas votre confiance au premier venu.**

### CONSEILS PÉDAGOGIQUES

**Explication de la fable.** — Cette jolie fable se termine par une maxime ou conseil pratique que vous ferez bien, enfants, de graver pour toujours dans votre mémoire.

Ne jugez jamais les gens sur la mine, c'est-à-dire sur l'extérieur, les manières et aussi sur les paroles.

Beaucoup de gens vous paraîtront comme le chat de La Fontaine, « doux, bénins, gracieux » qui cacheront sous ces dehors trompeurs l'hypocrisie et le mensonge, comme le chat cache ses griffes sous sa patte de velours.

Quant à ceux qui ont « la voix perçante et rude » ils sont beaucoup moins à craindre, car sous cette apparence rugueuse se trouve souvent un fond de bonté.

**Explication des mots.** — *Souriceau*, petit de la souris. — *Au dépourvu*, sans être préparé, sans s'attendre à ce qui arrive. — *Morceau de chair*, la crête du coq. — *Cochet*, jeune coq. — *Ses bras*, ses ailes. — *Se piquer de courage*, *d'honneur*, s'exciter, s'opiniâtrer dans une affaire où l'on a besoin de déployer du courage. — *Marqueté*, qui est marqué de plusieurs taches. — *Sympathiser avec quelqu'un*, se sentir attiré vers lui par des qualités, des manières qui plaisent.

Diction. — PRONONCIATION de *faisant*, *faisons*, etc. — Dans les formes suivantes du verbe *faire, nous faisons, je faisais, vous faisiez*, etc., *ai* se prononce *e* : *fesons, fesais, fesiez*, etc. Dites *fesant tel bruit et tel fracas*. Il n'en est pas de même du composé *bienfaisant* qui conserve la prononciation *ai* dans la lecture et la récitation (Littré).

Nuancez bien cette fable, en élevant la voix lorsqu'il s'agit du coq, en l'adoucissant lorsqu'on parle du chat, etc.

---

## LA FRANCE

Si vous voulez dans votre cœur,
Quand mes os seront sous la terre,
Sauver ce que j'eus de meilleur,
Garder mon âme tout entière,
Aimez, sans vous lasser jamais,
Sans perdre un seul jour l'espérance,
Aimez-la comme je l'aimais,
    Aimez la France !

Qu'importent *les labeurs ingrats*
Et l'injustice populaire !
Travaillez de l'âme et des bras,
Et je vous réponds du salaire.
Conservez ma robuste foi ;
Vous aurez, de plus, la vaillance.
Enfants ! servez-la mieux que moi,
    Servez la France !

Servez-la *dans l'obscurité*
Avec la même *idolâtrie*,

*Arrière toute vanité,*
Et gloire à toi, sainte Patrie !
Votre honneur, amis, c'est le sien,
Humbles soldats de sa querelle,
Souffrez, sans lui demander rien,
    Souffrez pour elle !

Vous tenez d'elle et des aïeux,
De ce grand passé qu'on envie,
Vos mœurs, votre esprit et vos dieux ;
Vous lui devez plus que la vie.
Ne marchandez pas votre sang,
Afin de la rendre immortelle...
Au premier rang, au dernier rang
    Mourez pour elle !

Victor de Laprade.

## MAXIME

**L'amour de la Patrie est commun à tous les hommes.**

### CONSEILS PÉDAGOGIQUES

**Explication du morceau.** — Aimez la France, nous dit le poète, servez-la, souffrez pour elle, mourez pour elle.

Et comment l'aimerons-nous autant qu'il l'aimait? En ne perdant jamais l'espérance de la revoir un jour à la tête des autres nations.

Comment la servirons-nous? En travaillant « de l'âme et des bras », sans nous laisser décourager jamais par l'adversité ou l'injustice.

Nous souffrirons pour elle en défendant son honneur sans lui demander rien en échange,

Et quand l'heure sera venue, sans jamais reculer sur le champ de bataille, nous lui offrirons jusqu'à la dernière goutte de notre sang : c'est la plus belle mort qu'un Français puisse souhaiter.

**Explication des mots.** — *Labeurs ingrats,* travaux qui ne rapportent rien personnellement à celui qui les fait, mais qui peuvent profiter à tous. — *L'injustice populaire,* ceux qui s'occupent du bien public sont souvent méprisés et calomniés par leurs concitoyens. — *Dans l'obscurité,* sans chercher à se faire connaître, à devenir populaire. — *Arrière toute vanité,* c'est-à-dire laissons de côté l'orgueil, l'amour-propre, le désir de briller.

**Diction.** — Prononciation du mot *os.* — Littré indique la prononciation *s* au singulier comme au pluriel, et recommande de lier l'*s* au pluriel devant une voyelle; mais il dit que plusieurs font sentir l'*s* au singulier comme au pluriel. L'*o* de ce mot est toujours long. Ne dites donc pas *un osse, des osses.*

Ce morceau doit être dit d'un ton vibrant, solennel et un peu élégiaque. Accentuez bien le dernier vers de chaque strophe.

————

# LES VOLONTAIRES DE 92

Détournez les yeux de Paris, et contemplez, je vous prie, si votre regard peut l'embrasser, l'immense, l'inconcevable grandeur du mouvement.

Six cent mille volontaires inscrits veulent marcher à la frontière : il ne leur manque que des fusils, des souliers, du pain.

Les cadres sont tout préparés ; les fédérations pacifiques de 90 sont les bataillons frémissants de 92.

Leurs maîtres, qui les instruisirent et disciplinèrent leur enthousiasme, qui marchèrent devant eux comme une colonne en feu, c'étaient les sous-officiers ou soldats de l'ancienne armée, que la Révolution venait de jeter en avant.

C'était le jeune, l'héroïque, le sublime *Hoche*, qui devait vivre si peu ; celui que personne ne put voir sans l'adorer.

C'était la pureté même, cette noble figure virginale et guerrière, *Marceau*, pleuré par l'ennemi.

C'était l'ouragan des batailles, le colérique *Kléber* qui, sous cet aspect terrible, eut le cœur humain et bon ; qui, dans ses notes secrètes, plaint la nuit les campagnes vendéennes qu'il lui faut ravager le jour.

C'était l'homme du sacrifice, qui pour lui voulut toujours le devoir et la gloire jamais, qui la donna aux autres, et même aux dépens de sa vie ; un juste, un héros, un saint, l'irréprochable *Desaix*.

Ces innombrables volontaires ont gardé tous un caractère de l'époque vraiment unique qui les enfanta à la gloire.

Et maintenant où qu'ils soient dans la mort ou dans la vie, morts immortels, savants illustres, vieux et glorieux soldats, ils restent tous marqués d'un signe qui les met à part dans l'histoire.

Ce signe, cette formule, ce mot qui fit trembler toute la terre, n'est autre que leur simple nom : *Volontaires de 92*.

Michelet.

## MAXIME

### La mort la plus belle est celle du champ de bataille.

### CONSEILS PÉDAGOGIQUES

**Analyse du morceau.** — Voici un des plus beaux passages historiques de Michelet. Quelle époque pouvait fournir un plus merveilleux tableau que ce temps de fièvre patriotique où la France, à deux doigts de sa perte, se sauva elle-même !

En quelques mots, Michelet trouve le moyen de faire un admirable portrait de ces hommes purs et glorieux qui, partis simples soldats, mouraient généraux illustres.

**Explication des mots.** — *Hoche*, général en chef de l'armée de Sambre-et-Meuse, pacificateur de la Vendée, mort à 29 ans. — *Marceau*, sergent en 1789, général en 1793, mort au combat d'Altenkirchen en 1795. — *Kléber*, fils d'un maçon, volontaire en 92, général en 1794, mort au Caire assassiné par un musulman fanatique en 1800. — *Desaix*, tué à Marengo en 1800, à l'âge de 32 ans.

**Diction.** — Prononcez *im-mense*, en faisant sentir les deux *mm*. Dans *fusil*, la lettre *l* est toujours muette : *fusi*, et non pas *fusile*. — Dans la phrase suivante, faites les pauses indiquées ci-après : ... *qui dans ses notes secrètes* | *plaint* | *la nuit* | *les campagnes vendéennes* | *qu'il lui faut ravager le jour* |||.

Dites ce morceau d'un ton large, vibrant, avec une voix émue et pleine d'enthousiasme.

# LA LAITIÈRE ET LE POT AU LAIT

Perrette, sur sa tête ayant un pot au lait,
    Bien posé sur un *coussinet*,
Prétendait arriver *sans encombre* à la ville.
Légère et *court vêtue*, elle allait à grands pas,
Ayant mis ce jour-là, pour être plus agile,
    Cotillon simple et souliers plats.

Notre laitière, ainsi troussée,
Comptait déjà dans sa pensée
Tout le prix de son lait; en employait l'argent;
Achetait un cent d'œufs; faisait triple couvée :
La chose allait à bien par son soin diligent.
« Il m'est, disait-elle, facile
D'élever des poulets autour de ma maison;
Le renard sera bien habile
S'il ne m'en laisse assez pour avoir un cochon.
Le porc à s'engraisser coûtera peu de son;
*Il était, quand je l'eus*, de grosseur raisonnable :
J'aurai, le revendant, de l'argent bel et bon.
Et qui m'empêchera de mettre en notre étable,
Vu le prix dont il est, une vache et son veau,
Que je verrai sauter au milieu du troupeau? »
Perrette là-dessus saute aussi, transportée :
Le lait tombe : adieu veau, vache, cochon, couvée.
La dame de ces biens, quittant *d'un œil marri*
Sa fortune ainsi répandue,
Va s'excuser à son mari,
En grand danger d'être battue.
Le récit en farce en fut fait;
On l'appela le Pot au lait.

Quel esprit ne bat la campagne ?
Qui ne fait châteaux en Espagne ?
Quand je suis seul, je fais au plus brave un défi;
Je m'écarte, je vais détrôner le *sophi :*
On m'élit roi, mon peuple m'aime;
Les diadèmes vont sur ma tête pleuvant.
Quelque accident fait-il que je rentre en moi-même,
Je suis *Gros-Jean comme devant.*

LA FONTAINE.


## MAXIME

**Il ne faut pas vendre la peau de l'ours avant de l'avoir tué.**


## CONSEILS PÉDAGOGIQUES

**Explication de la fable.** — Il n'est défendu à personne de faire des projets d'avenir et d'espérer améliorer sa condition; mais l'homme de bon sens qui connait ou qui pressent les difficultés de la vie, modère ses désirs et sait d'ailleurs qu'il n'avancera que pas à pas dans sa carrière.

Au contraire, l'esprit léger et irréfléchi, dont l'imagination travaille plus que la raison, se livre souvent à des fantaisies d'esprit qui, échafaudées les unes sur les autres, le conduisent, en rêve, droit à la fortune. C'est ce qu'on appelle *bâtir des châteaux en Espagne.*

Ces châteaux sont bien peu solides : un simple incident suffit pour les détruire et on se revoit tel qu'auparavant, avec le temps perdu à ces vaines réflexions en moins.

**Explication des mots.** — *Coussinet,* petit coussin. — *Sans encombre,* sans empêchement, sans accident. — *Court vêtue,* ayant des vêtements courts. Le mot *court* est ici adverbe et invariable. — *Il était, quand je l'eus.* Remarquez la naïveté de Perrette; elle est si bien embarquée dans ses châteaux en Espagne, qu'elle parle comme si son rêve était déjà réalisé. — *D'un œil marri,* c'est-à-dire d'un air fâché, désappointé. — *Sophi,* nom qu'on donnait autrefois au schah de Perse. — *Gros-Jean comme devant.* On dirait aujourd'hui *comme auparavant.* Beaucoup de paysans portaient le nom de Gros-Jean.

**Diction.** — Cette fable doit être dite sur un ton gai et léger; la mine s'allonge au vers : *Le lait tombe,* etc.

Liez bien les mots : *sur sa tête ayant un pot au lait,* et les mots *à s'engraisser coûtera.* etc. Ne faites aucune pause dans le vers : *Notre laitière ainsi troussée,* etc.

*Porc,* se prononce *por;* le *c* de ce mot ne se fait jamais sentir, même devant une voyelle (Littré). Dites : *Le por à s'engraisser,* etc.

---

# SOUVENIR DE CHAMPIGNY

## 1870

Enfants, vous qui courez dans *la plaine embaumée,*
Jetant au frais matin la chanson parfumée,
Mêlant vos airs joyeux à la voix du pinson
Dont le nid est caché tout près, dans le buisson,
Riez, car le sourire est fait pour le jeune âge;
Chantez : les gais refrains, voilà votre partage;
Mais pourtant, dans la ronde où s'emmêlent vos pas,
Enfants, riez moins fort, ne les éveillez pas!

Car vous vous souvenez, enfants aux têtes blondes,
De ces longs jours passés, de nos terreurs profondes!
Vous savez, quand, le soir, *l'affreux bruit du canon*
Nous faisait frissonner, ébranlait la maison?
On disait : « Aujourd'hui nous en perdons dix mille! »
Alors on se comptait d'un mouvement *fébrile :*
Le fer, petits enfants, les moissonnait là-bas!...
Aussi, riez moins fort, ne les éveillez pas!

On les a couchés là, sous la terre glacée.
Plus d'un quitta le soir sa jeune fiancée;

L'autre laissa brisée, en proie au désespoir,
Sa pauvre vieille mère, aujourd'hui tout en noir.
Ils dorment doucement sous la terre fleurie,
Après avoir donné leur sang à la patrie.
C'est pour nous qu'ils sont morts; n'arrêtez pas vos jeux,
Mais, lorsque vous priez, le soir, priez pour eux.

Riez : la vie encore est pleine de tendresse;
Chantez : oui, Dieu vous garde encor des jours d'ivresse;
Le printemps a caché leurs tombeaux sous les fleurs;
Je ne veux donc pas, moi, vous arracher des pleurs.
Mais attendez le jour où l'immortelle France,
Se levant grande et fière, oubliant sa souffrance,
Verra de ces héros féconder le trépas.
Attendez... Jusque-là, ne les éveillez pas!

Suzanne Chailloux.

## MAXIME

**Enfants,**
**Vous êtes l'avenir, vous êtes l'espérance,**
**Et le jour n'est pas loin où vous serez la France.**

### CONSEILS PÉDAGOGIQUES

**Explication du morceau.** — Ces beaux vers, enfants, évoquent le souvenir d'une terrible bataille, celle de Champigny, livrée aux portes de Paris, les 30 novembre et 2 décembre 1870.

Là, comme dans beaucoup d'autres combats, la bravoure de nos soldats fut inutile. L'ennemi, retranché derrière des positions formidables, ne put être chassé.

Que de morts ce jour-là! Ils dorment tous sous deux mausolées que leur a élevés la patrie reconnaissante.

Leur sang n'aura pourtant pas été versé en vain. Ne les éveillez pas, enfants, mais pensez souvent à ces héros, et méditez sans cesse cette devise qui doit être aujourd'hui celle de la France : *travail, union, espoir.*

**Explication des mots.** — *La plaine embaumée,* c'est-à-dire couverte de fleurs qui répandent leur parfum. — *L'affreux bruit du canon.* Ces vers ont été faits en 1878. Les écoliers d'alors avaient pu entendre, dans leur première enfance, le canon de l'invasion. — *Fébrile,* de fièvre, c'est-à-dire comme le tremblement que donne la fièvre.

**Diction.** — Le *g* du mot *sang* se lie avec la voyelle qui suit et se prononce k (Littré). Dites : Après avoir donné leur *sanká la patrie.* — Ce morceau doit être dit sur un ton plein de charme et de mélancolie, avec une voix sourde où perce parfois une nuance de colère. Les derniers vers de chaque strophe se disent presque à voix basse.

# LE LABOURAGE

### TABLEAU DE LA VIE DES CHAMPS

A l'autre extrémité de la plaine labourable, un jeune homme de bonne mine conduisait un attelage magnifique; quatre paires de jeunes animaux à *robe sombre* mêlée de noir fauve à reflets de feu, avec ces têtes courtes et frisées qui sentent encore le taureau sauvage, ces gros yeux farouches, ces mouvements brusques, ce travail nerveux et *saccadé* qui s'irrite encore du joug et de l'*aiguillon*. C'est ce qu'on appelle des bœufs *fraîchement liés*. L'homme qui les gouvernait avait à défricher un coin *naguère* abandonné au pâturage et rempli de *souches* séculaires, travail *d'athlète* auquel suffisaient à peine son énergie, sa jeunesse et ses huit animaux *quasi* indomptés.

Un enfant de six à sept ans, beau comme un ange, et les épaules couvertes, sur sa blouse, d'une peau d'agneau, marchait dans le sillon parallèle à la charrue, et piquait le flanc des bœufs avec une gaule longue et légère, armée d'un aiguillon peu *acéré*. Les fiers animaux frémissaient sous la petite main de l'enfant, et faisaient grincer les *jougs* et les courroies liés à leur front, en imprimant au timon de violentes secousses. Lorsqu'une racine arrêtait le *soc*, le laboureur criait d'une voix puissante, appelant chaque bête par son nom, mais plutôt pour calmer que pour exciter; car les bœufs, irrités par cette brusque résistance, bondis-

saient, creusaient la terre de leurs larges pieds four-
chus, et se seraient jetés de côté si, de la voix et de
l'aiguillon, le jeune homme n'eût maintenu les quatre
premiers, tandis que l'enfant gouvernait les quatre
autres. Il criait aussi, le pauvret, d'une voix qu'il voulait rendre terrible et qui restait douce comme sa figure
angélique.

GEORGE SAND.

## MAXIME

**Les pays les plus riches sont ceux qui sont le
mieux cultivés. Cultivez bien la terre, elle
ne se lassera jamais de produire.**

### CONSEILS PÉDAGOGIQUES

**Explication du morceau.** — Personne mieux que M<sup>me</sup> George Sand
n'a peint les scènes de la vie champêtre. Dans ses admirables livres,
on trouve çà et là de ces tableaux rustiques écrits dans un style simple
et clair qui est un modèle du genre descriptif.

Quel heureux choix d'expressions ! quelle harmonie dans ce style ! On
croit entendre les craquements de la charrue, le souffle des jeunes bœufs
et jusqu'aux voix de l'homme et de l'enfant qui les excitent.

**Explication des mots.** — *Robe sombre,* le pelage des bœufs et des chevaux se dit aussi robe. — *Saccadé,* par secousses irrégulières. — *Aiguillon,* longue perche ou *gaule,* au bout de laquelle est une pointe de fer. —
*Fraîchement liés,* c'est-à-dire qui n'ont été attelés que depuis peu de
temps. — *Naguère,* anciennement. — *Souche,* ce qui reste en terre d'un
arbre qui a été coupé. — *Athlète,* homme qui combattait autrefois dans
les jeux publics de la Grèce. Au figuré, homme robuste, d'une grande
force. — *Quasi,* presque. — *Acéré,* aigu, affilé. — *Joug,* pièce de bois à
double cintre, que l'on met sur la tête des bœufs pour les atteler. — *Soc,*
fer de la charrue qui coupe la terre.

**Diction.** — L'*u* de *aiguillon* se prononce comme dans *aiguille.* Dans
*bœuf,* l'*f* se prononce au singulier et est nulle au pluriel : *des beux.* De
plus la syllabe *œu,* qui est brève dans *bœuf,* devient longue dans *bœufs*
Ne dites jamais : des *beu,* ou des *beuffes.* Même règle pour *œuf.*

Dans *joug,* on prononce le *g* au singulier comme au pluriel, et dans ce
dernier cas l's ne se fait pas sentir (Littré). Dites : *Les jougue et les courroies et non les jougue zet les courroies.*

Pour lire ce morceau, posez bien votre voix dans le *medium,* et dites
sur le ton de la description, en adoucissant aux passages où il est question de l'enfant, et en appuyant au moment où les bœufs font des efforts.

---

# LE SAVETIER ET LE FINANCIER

Un savetier chantait du matin jusqu'au soir :
C'était merveille de le voir,

Merveille de l'ouïr ; *il faisait des passages,*
      Plus content qu'aucun des *sept sages.*
Son voisin, au contraire, était tout cousu d'or,
      Chantait peu, dormait moins encor :
      C'était *un homme de finance.*
Si sur le point du jour parfois il sommeillait,
Le savetier alors en chantant l'éveillait ;
      Et le financier se plaignait
      Que les soins de la Providence
N'eussent pas au marché fait vendre *le dormir,*
      Comme le manger et le boire.
      En son hôtel il fait venir
Le chanteur, et lui dit : « Or çà, sire Grégoire,
Que gagnez-vous par an ? — Par an, ma foi, Monsieur,
      Dit avec un ton de rieur
Le gaillard savetier, ce n'est pas ma manière
De compter de la sorte ; et je n'entasse guère
    Un jour sur l'autre : il suffit qu'à la fin
      J'attrape le bout de l'année :
      *Chaque jour amène son pain.*
— Eh bien ! que gagnez-vous, dites-moi, par journée ?
— Tantôt plus, tantôt moins, le mal est que toujours
(Et sans cela nos gains seraient assez honnêtes),
Le mal est que dans l'an s'entremêlent des jours
    Qu'il faut *chômer ;* on nous ruine en fêtes :
L'une fait tort à l'autre ; et monsieur le curé
De quelque nouveau saint charge toujours son *prône.* »
Le financier, riant de sa naïveté,
Lui dit : « Je veux vous mettre aujourd'hui sur le trône.
Prenez ces cent écus, gardez-les avec soin,
      Pour vous en servir au besoin. »
Le savetier crut voir tout l'argent que la terre
      Avait, depuis plus de cent ans,
      Produit pour l'usage des gens.
Il retourne chez lui, dans sa cave il enserre
      L'argent, et sa joie à la fois.
      Plus de chant : il perdit la voix
Du moment qu'il gagna *ce qui cause nos peines.*
      Le sommeil quitta son logis ;
      Il eut pour hôtes les soucis,
      Les soupçons, les alarmes vaines.
Tout le jour il avait l'œil au guet, et la nuit,
      Si quelque chat faisait du bruit,

Le chat prenait l'argent. A la fin, le pauvre homme
*S'en courut* chez celui qu'il ne réveillait plus :
**Rendez-moi, lui dit-il, mes chansons et mon somme,**
Et reprenez vos cent écus.

La Fontaine.

## MAXIME

**Ni l'or ni la grandeur ne nous rendent heureux.**

### CONSEILS PÉDAGOGIQUES

**Explication de la fable.** — Pour mieux frapper ses lecteurs, La Fontaine exagérait quelquefois la portée de ses fables.

L'homme prévoyant a toujours quelque argent chez lui et cela ne l'empêche pas de dormir. La Fontaine a donc voulu décrire plutôt les terreurs de l'avare qui craint qu'on ne lui enlève un trésor et qui se prive de sommeil pour le garder.

Toutefois, la principale morale à tirer de cette fable, c'est que le bonheur ne réside pas dans les richesses, mais dans le contentement de son sort, quel qu'il soit.

**Explication des mots.** — *Il faisait des passages :* On appelle *passage*, en musique, un ornement, *une roulade* ajoutée à un trait de chant. — *Sept sages ;* il s'agit des *sept sages de la Grèce*, nom donné à sept philosophes illustres qui prétendaient trouver le bonheur dans leur règle de conduite. — *Homme de finance*, banquier ou tout homme qui fait valoir des capitaux. — *Le dormir*, le sommeil. — *Chaque jour amène son pain*, c'est-à-dire je vis chaque jour de ce que j'ai gagné la veille. — *Chômer*, fêter un jour, manquer de travail, en cessant de travailler. — *Prône*, instruction familière faite par le prêtre au milieu de l'office du dimanche. — *Ce qui cause nos peines*, l'argent. — *S'en courut*, pour *courut*.

**Diction.** — Dites cette fable d'une voix claire, d'un ton gai, et avec beaucoup d'entrain.

Nuancez bien l'expression entre parenthèses (*Et sans cela nos gains*, etc.), que vous direz d'un ton de vérité confiante.

Quand le savetier a reçu l'argent, le ton devient défiant, la voix perd son éclat et devient basse aux mots : *La nuit si quelque chat*, etc.

---

# PATRIE

Le petit Frantz me dit, l'œil plein de rêverie,
Comme je le faisais sauter sur mes genoux :
« Père, explique-moi donc ce qu'est cette Patrie
« Dont on entend parler à chaque instant chez nous ! »

Oh ! la Patrie, enfant, c'est d'abord, à ton âge,
Peu de chose, vraiment : c'est moi, c'est mon amour,
C'est ta mère, tes sœurs, ton aïeul, le village,
La maison et la chambre où tu reçus le jour...

C'est le grand pré, là-bas, où Norra se repose,
Norra, la vache noire, au bon lait écumeux
Qui barbouille de blanc ton petit museau rose,
Et qui seul, bon sujet, vous fait quitter vos jeux ;
C'est le droit de courir, de faire du tapage,
De rentrer, de sortir et de dire : Chez nous ;
Puis, quand vous êtes las, d'être pris de la rage
*D'égrener vos pourquoi?* jusque sur mes genoux.

Mais, lorsqu'un peu plus tard, cette tête si folle
Saura, mon bon chéri, quelque peu se tenir,
Alors on t'apprendra, sur les bancs de l'école,
Ce qu'ont mis nos anciens de temps pour réunir
Tous ces morceaux divers qui forment notre France,
Et qu'il fallut gagner *pied à pied*, brin à brin,
Des rivages bretons aux vieux ports de Provence
Et des monts du Béarn jusques aux bords du Rhin.
Tu comprendras, devant ce trésor, d'âge en âge
Grossi par nos aïeux sans cesse triomphants,
Que, pour tous, la Patrie est le saint héritage
Que les pères mourants doivent à leurs enfants.

Un peu plus tard encore, — et ce serait ma joie
De tomber près de toi dans un des jours vainqueurs !
Plus tard, Frantz, la Patrie est *un chiffon de soie*
Qui déploie au soleil trois brillantes couleurs !
C'est le nom du pays ; c'est l'honneur de ses armes ;
C'est le devoir sacré d'accourir à son rang,
Sitôt que le clairon lance le cri d'alarmes.
Et, sans songer aux siens, de donner tout son sang
Pour qu'on puisse ajouter une ligne à l'histoire !
C'est le terrain conquis qu'ombrage le drapeau ;
C'est ce je ne sais quoi qu'on appelle la Gloire,
Et qui fait que la vie est simplement... *la peau !...*
Qui vous enfièvre au point que, lorsqu'on roule à terre,
On s'occupe, avant tout, de voir l'ennemi fuir,
Et que l'on n'a le temps de penser à son père,
O mon Frantz bien-aimé, qu'au moment de mourir !

Édouard Siebecker.

(*Poésies d'un vaincu.*)

1. Consultez *Vive la France!* par Hanriot (même librairie).

## MAXIME

### Qui n'aime sa patrie est indigne de vivre.

## CONSEILS PÉDAGOGIQUES

**Explication du morceau.** — L'auteur de cette belle poésie est M. Siebecker, un Alsacien, et de plus un patriote, qui n'a pas perdu l'espoir de voir son pays natal redevenir un jour français.

Nul mieux que lui ne pouvait parler de la Patrie.

Son exposé peut se résumer en trois idées : la Patrie, c'est d'abord le village où l'on a vu le jour, le *chez nous*, comme il dit ; puis, la France entière, dont l'unité s'est faite « pied à pied, brin à brin » ; enfin, le drapeau, ce « chiffon de soie », emblème de l'honneur national et pour la défense duquel tout soldat donne son sang et méprise la mort pourvu que les siens aient la victoire.

**Explication des mots.** — *Égrener vos pourquoi*, allusion aux questions que font les jeunes enfants à leurs parents. — *Gagner pied à pied* a trait à l'agrandissement successif du domaine royal sous les différentes dynasties, et qui conduisit à l'unité actuelle de la France. — *Chiffon de soie*, c'est-à-dire le drapeau national. — *La peau*, allusion à l'expression tenir ou ne pas tenir à sa peau, c'est-à-dire à sa vie.

**Diction.** — Souvenez-vous de la prononciation du mot *donc* dans le corps d'une phrase (pages 63 et 64) ; dites : *explique-moi don ce qu'est cette patrie*, et non pas : *explique-moi donque*.

Dans *jusques au bord du Rhin*, faites sentir l's de jusques.

Prenez un ton à la fois doux, chaud et enthousiaste, où percera l'abnégation à la dernière strophe, et la mélancolie résignée au dernier vers : *O mon Frantz bien-aimé*, etc.

---

# BATAILLE DE VALMY

Il était midi. Un brouillard épais qui, jusqu'à ce moment, avait enveloppé les deux armées était dissipé ; elles s'apercevaient distinctement, et nos jeunes soldats voyaient les Prussiens s'avancer sur trois colonnes, avec l'assurance de troupes vieilles et *aguerries*. C'était pour la première fois qu'ils se trouvaient au nombre de cent mille hommes sur le champ de bataille, et qu'ils allaient croiser la baïonnette. Ils ne connaissaient encore ni eux ni l'ennemi, et ils se regardaient avec inquiétude. *Kellermann* entre dans les retranchements, dispose ses troupes par colonnes d'un bataillon de front, et leur ordonne, lorsque les Prussiens seront à une certaine distance, de ne pas les attendre, et de courir au-devant d'eux à la baïonnette. Puis il élève la voix et s'écrie : Vive la nation! On pouvait, dans cet instant, être brave ou lâche. Le cri de Vive la nation ! ne fait que des braves, et nos jeunes soldats, entraînés, marchent en répétant le cri de Vive la nation! A cette vue, *Brunswick*, qui ne tentait l'attaque qu'avec répugnance et avec une grande crainte du résultat, hésite, arrête ses colonnes, et finit par ordonner la rentrée au camp.

THIERS.

*(Histoire de la Révolution française.)*

## MAXIME

**L'énergie d'un patriote a parfois relevé le courage de toute une nation.**

### CONSEILS PÉDAGOGIQUES

**Explication du morceau.** — Ce passage est tiré de l'*Histoire de la Révolution française* par Thiers.

Il rappelle un événement décisif pour l'affermissement de la Révolution.

C'est à cette première victoire que les Français durent un succès de vingt années dans leurs guerres contre l'Europe coalisée, et que la société se transforma sous l'influence des idées qui avaient pris naissance en France.

**Explication des mots.** — *Aguerries,* c'est-à-dire habituées, formées à la guerre. — *Kellermann,* général français, fait plus tard duc de Valmy et maréchal de France (1735-1820). — *Brunswick,* général de l'armée prussienne dans l'invasion de 1792.

**Diction.** — Dites tout ce morceau d'une voix chaude et vibrante, qui atteint l'enthousiasme au cri : vive la Nation ! La fin doit être bien soutenue et être exprimée avec un ton vainqueur.

---

# LE VIEILLARD ET LES TROIS JEUNES HOMMES

Un *octogénaire* plantait.
Passe encor de bâtir ; mais planter à cet âge !
Disaient trois *jouvenceaux*, enfants du voisinage :
Assurément il *radotait*.
Car, au nom des dieux, je vous prie,
Quel fruit de ce labeur pouvez-vous recueillir ?
Autant qu'un *patriarche* il vous faudrait vieillir.
A quoi bon charger votre vie

Des soins d'un avenir qui n'est pas fait pour vous?
Ne songez désormais qu'à vos erreurs passées :
Quittez le long espoir et les vastes pensées;
    Tout cela ne convient qu'à nous.
     — Il ne convient pas à vous-mêmes,
Répartit le vieillard. Tout établissement
Vient tard et dure peu. *La main des Parques blêmes*
De vos jours et des miens se joue également.
Nos termes sont pareils par leur courte durée.
Qui de nous des clartés de la voûte azurée
Doit jouir le dernier? Est-il aucun moment
Qui vous puisse assurer *d'un second seulement?*
Mes *arrière-neveux* me devront cet ombrage :
    Eh bien! défendez-vous au sage
De se donner des soins pour le plaisir d'autrui?
Cela même est un fruit que je goûte aujourd'hui :
J'en puis jouir demain et quelques jours encore;
    Je puis enfin *compter l'aurore*
    Plus d'une fois sur vos tombeaux.
Le vieillard eut raison : l'un des trois *jouvenceaux*
Se noya dès le port, allant *à l'Amérique*,
L'autre, afin de monter aux grandes dignités,
Dans *les emplois de Mars* servant la république,
Par un coup imprévu vit ses jours emportés;
    Le troisième tomba d'un arbre
    Que lui-même il voulut *enter;*
Et, pleurés du vieillard, il grava *sur leur marbre*
    Ce que je viens de raconter.

LA FONTAINE.

## MAXIME

**La raison est le partage des vieillards; on acquiert la prudence avec les années.**

### CONSEILS PÉDAGOGIQUES

**Explication de la fable.** — Cette fable contient deux enseignements : Ne nous moquons jamais des actions des vieillards, surtout lorsqu'elles ont un aussi louable but que celui dont il est question dans cette fable. L'égoïste ne songe qu'à soi, le vieillard de La Fontaine songeait à ses enfants, à tous ses descendants; s'il ne peut profiter de ses plantations, elles serviront au moins à ses « arrière-neveux », comme il dit.

Quant aux « jouvenceaux » qui, forts de leur jeunesse, s'imaginent avoir de longs jours devant eux, la fable leur prouve que la vie est fragile à tout âge et que personne n'est sûr du lendemain.

**Explication des mots.** — *Octogénaire*, vieillard qui a dépassé quatre-vingts ans. — *Jouvenceau*, jeune garçon. — *Radoter*, se dit plutôt de ceux qui tiennent des discours sans suite, qui déraisonnent. — *Patriarches*, personnages de la Bible, dont quelques-uns auraient vécu jusqu'à neuf cents ans. — *La main des Parques blêmes*. Les Parques étaient trois divinités des enfers, qui déterminaient, en filant, les jours de la vie humaine (Mythologie). — *D'un second seulement*, c'est-à-dire d'un second moment. — *Compter l'aurore*, compter les jours. — *A l'Amérique*, on dirait aujourd'hui en Amérique. — *Les emplois de Mars*, comme soldat. — *Enter*, greffer un sauvageon. — *Sur leur marbre*, sur le marbre de leur tombeau.

**Diction.** — Le *g* du mot *long* se fait sentir devant une voyelle et se prononce *k* (Littré). Dites : *Quittez le lonkespoir*, etc.

Dans *coup*, le *p* ne se prononce pas et ne se lie pas, même devant une voyelle (Littré). — Dites : *Par un sou imprévu* et non : *par un coupimprévu*.

Les paroles des jeunes gens doivent être dites sur un ton de raillerie mêlée de pitié. Appuyez sur le vers : *Autant qu'un patriarche*, etc. Quant à la réponse du vieillard, il faut la dire gravement, lentement et avec assurance. La fin est un récit ordinaire; toutefois, les deux derniers vers s'en détachent et sont dits plus gravement.

---

# LA VENDANGE

Hier, on cueillait à l'arbre une dernière pêche,
Et ce matin voici dans *l'aube* épaisse et fraîche
L'automne qui blanchit sur les coteaux voisins.
Un fin givre a ridé *la pourpre* des raisins.

Là-bas, voyez-vous *poindre* au bas de la montée
Le *cep* aux feuilles d'or dans la brume argentée?
L'horizon s'éclaircit en de vagues rougeurs,
Et le soleil levant conduit les vendangeurs.

Avec des cris joyeux ils entrent dans la vigne;
Chacun dans le sillon que le maître désigne,
Serpe en main, sous le cep a posé son panier.
Honte à qui reste en route et finit le dernier !

Le rire et les *clameurs* stimulent sa paresse,
Aussi comme chacun dans sa gaîté se presse.
Presque au milieu du champ, déjà brille là-bas,
Plus d'un rouge corset parmi les *échalas*.

Voici qu'un lièvre part : on a vu ses oreilles.
La grive au cri perçant fuit et rase les treilles.
Malgré les rires fous, les chants à pleine voix,
Tout panier s'est déjà vidé plus d'une fois.

Et bien des chars ployant sous l'heureuse vendange
Escortés des enfants sont partis pour la grange ;
Au pas lent des taureaux les voilà revenus,
Rapportant tout l'essaim des marmots aux pieds nus.

Qu'il est doux de les voir, si vifs dans leurs ébats,
*Près des ceps oubliés* se livrant des combats,
Préludant par des pleurs à de folles risées,
Tout empourprés du jus des grappes écrasées !

Fêtez les raisins mûrs ! venez de toutes parts,
Enfants, sur les tonneaux qui sonnent dans les chars !
C'est votre fête à vous quand on cueille ce fruit,
C'est le jour du fou rire et des chants et du bruit.

Victor de Laprade.

## MAXIME

**Le vin, pris modérément, donne force et courage.**

### CONSEILS PÉDAGOGIQUES

**Explication du morceau.** — Charmante description d'un jour de vendange, encadrée dans de jolis vers. Tout est clair et gai dans ce morceau, le soleil rouge d'automne, les rires des travailleurs, l'effroi du lièvre qui se cache en courant et dont on voit les oreilles, les éclats de rire des enfants qui grapillent, la richesse de la vendange, etc.

**Explication des mots.** — *Aube*, naissance du jour. — *La pourpre*, la couleur rouge foncé. — *Poindre*, apparaître au loin (comme un point). *Cep*, pied de vigne. — *Clameurs*, cris bruyants. — *Échalas*, pieu qui soutient le pied de vigne. — *Près des ceps oubliés*, allusion aux raisins que laissent par mégarde les vendangeurs, et que l'on *grapille*.

**Diction.** — Lorsque le mot *cep* au singulier, est suivi d'une consonne, le *p* ne se fait point sentir : *un cé de vigne*. Suivi d'une voyelle, le *p* se lie ; prononcez : *le cépaux feuilles d'or, sous le cepaposé son panier*. Au pluriel, l's seule se fait sentir et se lie : Prononcez : *Près des cèzoubliés*, etc.
Tout ce morceau doit être dit sur un ton clair et gai, avec le sourire sur les lèvres. Ralentissez dans le vers : *Au pas lent des taureaux*, etc. Adoucissez à : *Qu'il est doux de les voir si vifs*, etc. Elevez la voix au vers : *Fêtez les raisins murs*, etc.

---

# LE BOURDON

Les insectes nous répugnent, nous inquiètent, parfois nous font peur juste en proportion de notre ignorance. Presque tous, spécialement dans nos climats, sont pourtant inoffensifs. Mais *nous suspectons l'inconnu*. Presque toujours nous les tuons, pour tout éclaircissement.

Je me rappelle qu'un matin, à quatre heures, en juin, le soleil étant déjà haut, je fus éveillé assez brusquement, lorsque j'avais encore beaucoup de fatigue et de sommeil. J'étais à la campagne, dans une chambre sans volet, ni rideau, en plein levant, et les rayons arrivaient jusqu'à mon lit. Un magnifique bourdon, je ne sais comment, était dans la chambre, et joyeusement, au soleil, voletait et bourdonnait. Ce bruit m'ennuyait. Je me lève, et, pensant qu'il voulait sortir, je lui ouvre la fenêtre. Mais point : telle n'était pas son idée. La matinée, quoique belle, était très fraîche, fort humide, il préférait rester dans la chambre, dans une température meilleure qui le séchait, le réchauffait ; dehors, il était quatre heures ; dedans, c'était déjà midi. Il agissait précisément comme j'eusse fait, et ne sortait point. Je voulus lui donner du temps : je laissai la fenêtre ouverte et me recouchai. Mais nul moyen de reposer. La fraîcheur du dehors entrant, lui aussi il entrait plus avant et voletait par la chambre. Cet hôte obstiné, importun, me donna un peu d'humeur. Je me levai, décidé à l'expulser de vive force. Un mouchoir était mon arme, mais je m'en servais sans doute assez maladroitement ; je l'étourdis, je l'effrayai ; il tourbillonnait de vertige, et de moins en moins songeait à sortir ; mon impatience croissait ; j'y allai plus fort, et trop fort, sans doute... Il tomba sur l'appui de la fenêtre et ne se releva plus.

*<br>* *

Était-il mort ou étourdi? Je ne fermai point, pensant que, dans ce cas, l'air pourrait le raviver, et qu'il s'en

irait. Je me recouchai cependant, assez mécontent.
*Au total*, c'était sa faute : pourquoi ne s'en allait-il
pas? Ce fut la première raison que je me donnai. Puis,
en réfléchissant, je devins plus sévère pour moi, j'accu-
sai mon impatience. Telle est la tyrannie de l'homme :
il ne peut rien supporter. Ce roi de la création, comme
tous les rois, est violent ; à la moindre contradiction, il
s'emporte, il éclate, il tue. Toutes ces idées me venaient,
mais point du tout agréables. Dans ce moment béni,
sacré, où tous vivent en confiance, moi, j'avais déjà
tué. Cette idée me fut amère. Que la victime fût petite
ou grande, il importait peu ; la mort était toujours la
mort. Et c'était sans occasion sérieuse, sans *provocation*, que j'avais brutalement troublé cette douce harmonie du printemps, gâté l'*universelle idylle*.

En roulant toutes ces pensées, je regardais par moments de mon lit vers la fenêtre, j'observais si le bourdon ne remuerait pas encore un peu, si réellement il
était mort. Mais rien malheureusement. Cela dura une
demi-heure, trois quarts d'heure environ. Puis, tout à
coup, sans que le moindre mouvement préalable l'eût
pu faire prévoir, je vois mon bourdon s'élever d'un vol
sûr et fort, sans la moindre hésitation, comme si rien
ne fût arrivé. Il passa dans le jardin alors complètement réchauffé et plein de soleil.

Ce fut pour moi, je l'avoue, un bonheur, un soulagement. Mais lui, il ne s'en doutait pas. Je vis qu'il avait
pensé, dans sa petite prudence, que, s'il trahissait par
le moindre signe la vie qui lui revenait, son bourreau
pourrait l'achever. Donc, il fit le mort à merveille,
attendit qu'il eût bien repris la force et le souffle, que
ses ailes séchées et chaudes fussent toutes prêtes à l'em-
porter. Et alors, d'une volée, il partit sans dire adieu.

M ICHELET.

(*L'Insecte.*)

MAXIME

**On trouve plus de joie dans le pardon que de plaisir
dans la vengeance.**

## CONSEILS PÉDAGOGIQUES

**Explication du morceau.** — Michelet n'est pas seulement un grand historien; il a écrit des pages admirables sur l'histoire naturelle, les mœurs, les instincts des insectes et des oiseaux.

Le morceau ci-dessus tiré de l'*Insecte*, est un modèle de narration simple, serrée, où tous les mots portent, où rien n'est superflu.

Nous y trouvons en outre une petite leçon de morale qui n'est pas sans portée. Ne tuons pas pour le plaisir de tuer, même lorsqu'il s'agit d'un insecte. Cette cruauté inutile ne peut que nous dégrader.

Ne faisons la chasse qu'aux insectes nuisibles et laissons les autres en paix.

**Explication des mots.** — *Nous suspectons l'inconnu*, c'est-à-dire nous avons de la défiance contre les insectes dont nous ne connaissons pas les mœurs — *Au total*, c'est-à-dire, en somme, toutes raisons pesées. — *Provocation*, action de celui qui commence une querelle. — *L'universelle idylle*, l'auteur compare la vie universelle à un poème champêtre, à une idylle.

**Diction.** — Lorsque *donc* commence une phrase, le *c* se prononce. Dites : *donque il fit le mort*... Souvenez-vous que la terminaison *ais* de l'imparfait et du conditionnel a le son de l'è ouvert. Appliquez ce principe dans les mots : *j'avais, je regardais, j'observais*.

Celle du passé défini, au contraire, a le son de l'é fermé, comme nous l'avons vu plus haut ; songez-y en prononçant : *je laissai, je l'effrayai, je me donnai*, etc.

Prenez un ton ferme, une voix sonore, tout en laissant percer l'inquiétude au milieu du morceau. Faites sentir, à la fin, le ton du soulagement de l'homme qui respire après le danger passé.

---

# LE LIÈVRE ET LES GRENOUILLES

Un lièvre en son *gîte* songeait
(Car que faire en un gîte, à moins que l'on ne songe ?).
Dans un profond ennui ce lièvre se plongeait :
Cet animal est triste, et la crainte le ronge.
    « Les gens d'un naturel peureux
    Sont, disait-il, bien malheureux !

Ils ne sauraient manger morceau qui leur profite !
Jamais un plaisir pur ; toujours assauts divers.
Voilà comme je vis ; cette crainte maudite
M'empêche de dormir sinon les yeux ouverts.
Corrigez-vous, dira quelque sage cervelle.
   Eh ! la peur se corrige-t-elle ?
   Je crois même qu'en bonne foi
   Les hommes ont peur comme moi. »
   Ainsi raisonnait notre lièvre,
   Et cependant faisait le guet.
   Il était *douteux*, inquiet :
Un souffle, une ombre, un rien, tout lui donnait la fièvre.
   Le mélancolique animal,
   En rêvant à cette matière,
Entend un léger bruit : ce lui fut un signal
   Pour s'enfuir *devers* sa tanière.
Il s'en alla passer sur le bord d'un étang :
Grenouilles aussitôt de sauter dans les ondes,
Grenouilles de rentrer en leurs grottes profondes.
   « Oh ! dit-il, j'en fais faire autant
   Qu'on m'en fait faire ! Ma présence
Effraye aussi les gens ! je mets l'alarme au camp !
   Et d'où me vient cette vaillance ?
Comment ! des animaux qui tremblent devant moi !
   Je suis donc un *foudre de guerre* !
**Il n'est, je le vois bien, si poltron sur la terre**
**Qui ne puisse trouver un plus poltron que soi.**

        La Fontaine.

### MAXIME

**La peur est mauvaise conseillère.**

### CONSEILS PÉDAGOGIQUES

**Explication de la fable.** — Toute la finesse, tout le sel de cette fable est contenu dans la fin : le lièvre peureux met « l'alarme au camp » et, devant la frayeur des grenouilles, le voilà qui exagère sa valeur et se croit un « foudre de guerre ».

Sa conclusion toutefois est assez sage ; il y a malheureusement trop de poltrons sur la terre, et on en trouve toujours qui le sont plus que soi.

Remarquez le joli vers que l'on donne souvent comme modèle de gradation descendante. « Un souffle, une ombre, un rien, tout lui donnait la fièvre ».

**Explication des mots.** — *Gîte*, lieu où le lièvre se retire. — *Douteux*, c'est-à-dire incertain sur ce qu'il devait faire. — *Devers*, pour vers. — *Foudre de guerre*, grand général, conquérant.

**Diction.** — Dans *fond, profond,* le *d* se lie comme un *t*. Prononcez *Dans un profontennui.*

Dites tout ce morceau sur le ton du sérieux comique. Faites bien sentir la gradation descendante : *Un souffle, une ombre,* etc. Augmentez au contraire graduellement la voix dans les dernières paroles du lièvre *Oh! dit-il,* etc.

———

# LE CLAIRON

L'air est pur, la route est large,
Le Clairon sonne *la charge,*
Les *Zouaves* vont chantant,
Et là-haut sur la colline,
Dans la forêt qui domine,
Le Prussien les attend.

Le Clairon est un vieux brave,
Et lorsque la lutte est grave,
C'est un rude compagnon ;
Il a vu mainte bataille
Et porte plus d'une entaille,
Depuis les pieds jusqu'au front.

C'est lui qui guide la fête.
Jamais sa fière trompette
N'eut un accent plus vainqueur ;
Et de son souffle de flamme,
L'espérance vient à l'âme,
Le courage monte au cœur.

On grimpe, on court, on arrive,
Et la fusillade est vive,
Les Prussiens sont adroits,
Quand enfin le cri se jette :
« En marche ! A la baïonnette ! »
Et l'on entre sous le bois.

A la première décharge,
Le Clairon sonnant la charge
Tombe frappé *sans recours ;*
Mais, par un effort suprême,
Menant le combat quand même,
Le Clairon sonne toujours.

Et cependant le sang coule,
Mais sa main, qui le refoule,
Suspend un instant la mort,
Et de sa note *affolée,*
Précipitant la mêlée,
Le vieux Clairon sonne encor.

Il est là, couché sur l'herbe,
Dédaignant, blessé superbe,
Tout espoir et tout secours ;
Et, sur sa lèvre sanglante,
Gardant sa trompette ardente,
Il sonne, il sonne toujours.

Puis, dans la forêt pressée,
Voyant la charge lancée,
Et les Zouaves bondir,
Alors le Clairon s'arrête,
Sa dernière tâche est faite,
Il achève de mourir.

Paul Deroulède.

## MAXIME

**On doit à sa patrie le sacrifice de sa vie**

## CONSEILS PÉDAGOGIQUES

**Réflexions sur le morceau.** — Ce morceau est l'un des plus heureux de M. Paul Deroulède.

Quelle énergie, quel patriotisme « dans ce vieux brave », tout mutilé par la guerre, qui sonne la charge malgré sa nouvelle blessure (la dernière, cette fois), qui sonne encore en retenant pour ainsi dire sa vie qui s'échappe avec son sang, qui sonne toujours jusqu'à ce qu'il voie enfin sa tâche accomplie, c'est-à-dire la charge bien lancée, les soldats enlevés par ses notes stridentes, fondant sur les ennemis et remportant peut-être la victoire.

**Explication des mots.** — *Sans recours,* c'est-à-dire sans espoir de revenir à la vie. — *Sa note affolée,* expression qui marque l'état du blessé, luttant contre la mort, et ne sonnant plus d'une manière régulière.

**Diction.** — Cette poésie doit être dite d'une voix sonore, d'un ton énergique, où percent la bravoure et le mépris de la mort.

Accentuez au passage : *on grimpe, on court,* etc. Jetez-bien le cri : *En marche! à la baïonnette!* Les trois dernières strophes sont dites avec une énergie sourde, où perce un courage héroïque.

---

# LE DERNIER CARRÉ DE WATERLOO

Le 2<sup>e</sup> bataillon du 3<sup>o</sup> de *grenadiers*, demeuré dans le vallon, réduit de cinq cents à trois cents hommes, ayant sous ses pieds ses propres camarades, devant lui des centaines de cavaliers abattus, refuse de *mettre bas les armes* et s'obstine à combattre. Serrant toujours ses rangs à mesure qu'ils s'éclaircissent, il attend une dernière attaque, et assailli sur ses quatre faces à la fois, fait une décharge terrible qui renverse des centaines de cavaliers. Furieux, l'ennemi amène de l'*artillerie*, et tire *à outrance* sur les angles du carré. Le carré se resserre, ne présentant plus qu'une forme irrégulière mais persistante. Il dédouble ses rangs pour occuper plus d'espace et protéger ainsi les blessés qui ont cherché asile dans son sein. Chargé encore une fois, il demeure debout. Trop peu nombreux pour rester en carré, il profite d'un *répit* pour prendre une forme nouvelle et se réduit alors en un triangle tourné vers l'ennemi, de manière à sauver, *en rétrogradant*, tout ce qui s'est réfugié derrière ses baïonnettes. Il est bientôt assailli de nouveau. « Ne nous rendons pas! » s'écrient ces braves gens qui ne sont plus que cent cinquante.

Tous alors, après avoir tiré une dernière fois, se précipitent sur la cavalerie acharnée à les poursuivre, et avec leurs baïonnettes tuent des hommes et des chevaux, jusqu'à ce qu'enfin ils aient succombé dans ce sublime et dernier effort.

THIERS.

*(Histoire du Consulat et de l'Empire.)*

## MAXIME
### Le brave meurt mais ne se rend pas.

### CONSEILS PÉDAGOGIQUES

**Réflexions sur le morceau.** — Ce passage est tiré de l'histoire du *Consulat et de l'Empire*, par Thiers. Nous y voyons un de ces actes de bravoure dont nos soldats ont donné tant de fois l'exemple sur les champs de bataille.

Malheureusement, dans cette funeste rencontre de Waterloo, comme dans d'autres plus récentes, le sang français coula en pure perte.

Soyons plus prudents aujourd'hui; n'attaquons pas, mais si l'étranger nous cherche querelle, ne reculons jamais devant l'ennemi et soyons fermes comme les grenadiers de Waterloo.

**Explication des mots.** — *Grenadiers*, soldats d'élite. Autrefois, soldats qui lançaient dans les rangs de petits boulets creux appelés grenades. — *Mettre bas les armes*, se rendre à l'ennemi. — *Artillerie*, canons — *A outrance*, jusqu'à l'excès, sans se lasser. — *Répit*, repos, délai, relâche. — *En rétrogradant*, en retournant en arrière.

**Diction.** — La terminaison *er* a toujours le son de l'*é* fermé, même lorsqu'elle est liée à la voyelle qui suit. Prononcez donc : *pour occupé* plus d'espace, *pour restéren carré, derniéréfort*.

Cette page doit être dite avec une grande énergie, en pressant le débit au moment où le combat est acharné. Dites avec beaucoup de force : *Ne nous rendons pas!* Ces derniers mots : *jusqu'à ce qu'enfin*, etc., sont larges et graves.

------

## LE CHAT ET LE VIEUX RAT

J'ai lu chez un conteur de fables
Qu'un second *Rodilard*, l'*Alexandre des chats*,

L'Attila, le fléau des rats,
Rendait ces derniers misérables :
J'ai lu, dis-je, en certain auteur,
Que ce chat exterminateur,
Vrai *Cerbère*, était craint une lieue à la ronde.
Il voulait de souris dépeupler tout le monde.
Les planches qu'on suspend sur un léger appui,
La mort aux rats, les souricières,
N'étaient que jeux au près de lui.
Comme il voit que dans leurs *tanières*
Les souris étaient prisonnières,
Qu'elles n'osaient sortir, qu'il avait beau chercher,
Le galant fait le mort, et du haut d'un plancher
Se pend la tête en bas : la bête scélérate
A de certains cordons se tenait par la patte.
Le peuple des souris croit que c'est châtiment,
Qu'il a fait un larcin de rôt ou de fromage,
Egratigné quelqu'un, causé quelque dommage ;
Enfin qu'on a pendu le mauvais garnement.
Toutes, dis-je, unanimement,
Se promettent de rire à son enterrement,
Mettent le nez à l'air, montrent un peu la tête,
Puis rentrent dans leurs nids à rats,
Puis ressortant font quatre pas,
Puis enfin se mettent en quête.
Mais voici bien une autre fête :
Le pendu ressuscite, et, sur ses pieds tombant,
Attrape les plus paresseuses.
« *Nous en savons plus d'un*, dit-il en les gobant.
C'est tour de vieille guerre, et vos cavernes creuses
Ne vous sauveront pas, je vous en avertis :
Vous viendrez toutes au logis. »
Il prophétisait vrai : notre *maître Mitis*,
Pour la seconde fois, les trompe et les *affine*,
Blanchit sa robe et s'enfarine,
Et, de la sorte déguisé,
Se niche et se blottit dans une huche ouverte.
Ce fut à lui bien avisé ;
La *gent trotte-menu* s'en vient chercher sa perte.
Un rat, sans plus, s'abstient d'aller flairer autour ;
C'était un vieux routier, il savait plus d'un tour :
Même il avait perdu sa queue à la bataille.
« *Ce bloc enfariné* ne me dit rien qui vaille,

S'écria-t-il de loin au général des chats;
Je soupçonne dessous encor quelque machine.
    Rien ne te sert d'être farine;
Car, quand tu serais sac, je n'approcherais pas. »
C'était bien dit à lui, j'approuve sa prudence;
    **Il était expérimenté,**
    Et savait que **la méfiance**
    **Est mère de la sûreté.**

La Fontaine.

## MAXIME

### Expérience passe science.

### CONSEILS PÉDAGOGIQUES

**Analyse de la fable.** — Voilà encore une des jolies fables de notre célèbre La Fontaine. Ici le genre comique arrive à sa perfection, rien n'est plus amusant que ce chat se suspendant au plafond par la patte ou s'enfarinant dans une huche ouverte, et que ce rat, devenu circonspect par suite de ses nombreuses aventures.

Et quel heureux choix d'expressions : « le fléau des rats, » « la bête scélérate, » « maître Mitis » pour désigner le chat; et le « vieux routier » qui a « perdu sa queue à la bataille », et la « gent trotte-menu », le « bloc enfariné », le « général des chats », tout cela est d'une saveur dont aucun autre fabuliste n'a approché.

Quant à la morale de la fable, c'est une maxime qu'il ne faut jamais oublier. Soyons prudents, ne faisons rien à la légère, nous nous éviterons ainsi bien des désagréments.

**Explication des mots.** — *Rodilard* ou *Rodilardus*, nom d'un chat dans l'une des fables de La Fontaine et dans Rabelais. — *L'Alexandre des chats*, comparaison avec Alexandre, roi de Macédoine, conquérant de l'Asie. — *Cerbère*. Dans la mythologie, Cerbère est un chien à trois têtes qui garde l'entrée des enfers. — *Tanière*, nid des souris: se dit plutôt de la retraite des bêtes sauvages. — *Nous en savons plus d'un*, c'est-à-dire plus d'un tour. — *Mitis*, en latin *doux*, surnom qui convient au chat à cause de son hypocrisie. — *Affiner*, tromper par finesse. — *La gent trotte-menu*, le peuple des souris.

**Diction.** — Prenez un ton plaisant et fin pour réciter cette fable. Appuyez sur les énumérations : *Les planches qu'on suspend... la mort aux rats*, etc. Faites bien sentir l'hésitation des rats dans le passage : *Mettent le nez en l'air... puis rentrent... puis ressortant...* etc. Les paroles du rat, à la fin, sont dites d'un ton soupçonneux et résolu.

---

# LE SERGENT

C'était un vieux soldat des guerres d'Italie,
Un de ceux que la mort pendant trente ans oublie

Et laisse bonnement vieillir sous le galon.
Une bombe l'avait déchiré tout du long,
Le fendant d'un seul coup du crâne à la mâchoire.
Le pauvre homme! il mourait sans rien, même sans gloire!
Ses lèvres remuaient, mais il ne parlait pas.
« Eh bien! comment est-il? dis-je au docteur. — Très bas!

Pauvre diable! il n'a pas cinq minutes à vivre. »
Je regardais : son œil terne semblait me suivre.
A le voir, on eût dit qu'il m'avait reconnu.
Tout à coup, comme au bruit d'un tambour inconnu,
Je vis ses yeux muets qui se gonflaient de larmes,
Et, se dressant d'un bond sur le lit, au port d'armes,
Comme s'il entendait le rappel battre encor...
D'une voix claire il dit : « Présent! » — Il était mort.

A. DELPIT.

(*L'Invasion*).

## MAXIME

### La discipline est le premier devoir du soldat.

#### CONSEILS PÉDAGOGIQUES

**Réflexions sur le morceau.** — Quelle est touchante, cette réponse laconique du vieux brave agonisant. C'est bien là le véritable soldat : même au lit de mort, il pense à son devoir, et son unique inquiétude est de songer qu'on peut le croire absent, lui qui n'a jamais enfreint la discipline, ni jamais manqué un seul jour de répondre à l'appel de son nom.

**Explication des mots.** — *Sous le galon*, c'est-à-dire, sous le galon de sergent, sans pouvoir arriver au grade d'officier. — *Au port d'armes*, mouvement de l'exercice militaire où le fusil est appuyé au côté droit.

**Diction.** — RÉVISION. — Appeler l'attention sur les pauses dans le corps du morceau, la pause après le titre et avant la sentence, les pauses non indiquées ou prolongées, etc.

Commencez sur le ton du récit, en appuyant sur les deux vers : *Une bombe l'avait déchiré*, etc. Dites tristement : *Le pauvre homme! il mourait*, etc. — Elevez la voix et pressez à partir de *Tout à coup*, etc. Dites fortement : *Présent!* et très bas : *Il était mort.*

# DERNIER ÉPISODE
## DE LA BATAILLE DU BOURGET

### (30 OCTOBRE 1870)

Alors, dans l'intérieur du village, eut lieu le dernier et le plus glorieux épisode de ce sanglant et inégal combat. Vers l'église, le commandant Brasseur du *28e de marche* se tenait avec une centaine de soldats et résistait énergiquement. De l'autre côté du Bourget, à droite, le commandant Baroche, faisant le coup de feu lui-même, avait rallié autour de lui une soixantaine d'hommes, décidés *à tenir*. Un lieutenant de *francs-tireurs*, M. Solon, avait encore dix de ses hommes avec lui. Un officier de *mobiles*, M. de Verrie, commandait à trente-six des siens. Cette poignée de combattants ne voulait pas se rendre. Opiniâtres, acharnés, ils voulaient brûler leurs dernières cartouches, tenter la résistance dernière. M. Baroche, atteint par un éclat d'*obus*, demandait à ses soldats de tenir encore une demi-heure. « Il est impossible, disait il, que d'ici là nous ne recevions pas de secours ! » A ce moment il veut donner un ordre, il descend de la maison où il combat. Près de la rue, devant la grille, une balle le frappe au cœur. Il tombe.

Cependant, l'héroïque commandant Brasseur ramassait dans les jardins les combattants épars, et voulait, dans une lutte suprême, les porter sur la barricade de la Grande-Rue. Une décharge épouvantable foudroie à ses côtés les hommes qu'il a ralliés. Ceux qui ne tombent pas s'enfuient. Lui, d'un pas lent, redescend la rue sous la mitraille, le képi traversé à une ligne du crâne, et s'enferme dans l'église avec sept autres officiers français et une vingtaine de *voltigeurs*. « Là, dit un écrivain allemand, ces hommes se défendaient jusqu'à la dernière extrémité, et les grenadiers du régiment Kaiser-Frantz durent grimper 'jusqu'aux hautes fenêtres de l'église et tirer de là sur l'ennemi, jusqu'à ce que le peu d'hommes de cette brave troupe qui restaient sans blessures finissent par se rendre.» Le commandant Brasseur pleurait en donnant son épée. L'officier prussien qui la prit ne put s'empêcher de le louer pour son courage. Cette épée, d'ailleurs, le prince de Wurtemberg la renvoya au commandant prisonnier comme un hommage, et il fut permis à M. Brasseur, captif, de ne point saluer les officiers prussiens dans la rue.

JULES CLARETIE.

(*Histoire de la Révolution de 1870-71.*)

## MAXIME

**Que le brave soit vainqueur ou vaincu, les siens l'estiment et ses ennemis le respectent.**

## CONSEILS PÉDAGOGIQUES

**Réflexions sur le morceau.** — Ce n'est pas seulement au Bourget que nos soldats furent héroïques pendant cette année terrible où l'invasion désolait la France. A Reischoffen, à Gravelotte, à Châteaudun, à Coulmiers, à Champigny, à Buzenval, ils versèrent généreusement leur sang et ne reculèrent jamais que lorsque le flot trop considérable des envahisseurs menaçait de les envelopper.

Ce fut surtout à Paris, pendant ce mémorable siège de cinq mois, que soldats, mobiles, gardes nationaux, citoyens de toute sorte rivalisèrent de courage et de patriotisme.

Le village du Bourget, près de Saint-Denis, fut deux fois pris et repris, et l'épisode ci-dessus montre avec quelle vaillance les défenseurs de Paris se conduisaient lorsqu'ils étaient aux prises avec l'ennemi.

**Explication des mots. 28ᵉ** *de marche.* Un bataillon ou régiment *de marche* est formé de soldats de différents corps que l'on réunit pour les mener à l'ennemi. — *A tenir,* à résister. — *Francs-tireurs,* corps de volontaires qui s'équipaient eux-mêmes. — *Mobiles,* soldats de la réserve avant 1871. — *Obus,* projectile conique qui éclate en touchant la terre. — *Voltigeurs,* soldats d'élite avant 1871.

**Diction.** — Révision. — Rappeler les règles de l'inflection, de la pose de la voix dans le médium, de l'articulation. Appeler l'attention sur le soutien de la voix à la fin des phrases, sur la modulation de la voix ou expression, sur les liaisons à faire ou à éviter, etc.

Dites ce morceau avec chaleur, d'une voix pleine, entraînante et émue.

---

## LE CHEVALIER D'ASSAS

Ce que fit ce héros personne ne l'ignore ;
Cependant il est bon de le redire encore :
Le marquis de Castrie avait dressé son camp
Non loin des bords du Rhin, auprès de *Clostercamp*.
C'était par une nuit noire. Les sentinelles
N'auraient pas vu passer un cheval devant elles.
Autour des feux éteints le soldat reposait,
Car *Brunswick* était loin à ce que l'on disait.
Par bonheur, à travers ces ténèbres profondes,
Le chevalier d'Assas multipliait ses rondes.
Il était inquiet ! il savait que Brunswick,
Élève redouté du héros *Frédéric*,
Choisissait savamment l'heure la plus propice.
Et qui sait si, prenant l'ombre pour sa complice,
Le général prussien, en habile ennemi,
N'allait pas attaquer notre camp endormi ?
Aussi d'Assas marchait dans l'effrayant silence,
Courageux, mais prudent. Il faisait vigilance,
De l'oreille et de l'œil fouillait chaque buisson :
A quatre pas de lui finissait l'horizon.
— Or, comme il s'avançait sans crainte ni bravade,
Il se trouve soudain pris dans une embuscade.
Anglais, Hanovriens, profitant de la nuit,
Jusqu'auprès des Français se sont glissés sans bruit.
Notre armée est surprise et sa perte est certaine.
Que peut pour la sauver le jeune capitaine,
Par tout un poste anglais aussitôt entouré ?...
Qu'il se taise ou la mort ; car il est assuré
D'être criblé, s'il parle, à coups de baïonnette !...
— D'Assas n'hésite pas ; d'une voix forte, nette,
« Voilà les ennemis, dit-il, d'*Auvergne*, à moi !... »
— Il tombe massacré. — Mais à ses cris d'effroi
Les Français ont bondi ; tout le camp est en armes ;

Nos soldats, revenus de leurs justes alarmes,
Poussent à l'ennemi, la rage dans le cœur ;
Ils le mettent en fuite et Castrie est vainqueur !

Ainsi donc, il suffit d'un dévoûment sublime,
Il suffit qu'un guerrier, généreux, magnanime,
      Un jour se soit trouvé
Pour transformer soudain une honte en victoire,
Et, ce qui valait mieux, pour que devant l'histoire
      Notre honneur fût sauvé !

MARC BONNEFOY.

(*La France héroïque.*)


## MAXIME

**Rien ne peut ébranler un soldat qui a fait d'avance
le sacrifice de sa vie.**


### CONSEILS PÉDAGOGIQUES

**Réflexions sur le morceau.** — Tout le monde connaît, comme le dit l'auteur de cette belle poésie, le dévouement sublime du chevalier d'Assas ; mais on ne saurait trop le rappeler dans toutes les circonstances où il est question de l'honneur du pays.

Vous serez soldats un jour, enfants, et peut-être la patrie vous demandera-t-elle de marcher pour sa défense : sachez bien que si vous êtes résolus comme d'Assas, au dernier sacrifice, si vous avez la volonté profonde de vaincre ou de mourir, jamais l'ennemi ne franchira nos frontières, jamais l'épouvante ne viendra troubler vos rangs, et la victoire, qui abandonne rarement les héros, sera la récompense de vos efforts et de votre dévouement.

**Explication des mots.** — *D'Assas* (Nicolas, chevalier), capitaine au régiment d'Auvergne, né au Vigan, où une statue lui a été élevée en 1830. — *Clostercamp*, village de Prusse, au nord de Dusseldorf. — *Brunswick*, général hanovrien dans la guerre de Sept Ans, oncle du Brunswick de 1792. — *Frédéric.* Il s'agit de Frédéric II, roi de Prusse, dit le Grand Frédéric. — *D'Auvergne.* Avant 1789, les régiments portaient des noms de provinces.

**Diction.** — RÉVISION (suite). — Rappeler les règles de prononciation de *les, mes, tes, ces,* etc., de *ai* dans le corps d'un mot et à la fin d'un mot, de *oi,* du mot *donc,* etc., etc.

Ce morceau doit être dit comme le précédent, avec énergie et animation dans le récit. Parlez bas dans les vers : *Aussi d'Assas marchait dans l'effrayant silence,* etc. Lancez bien le cri : *Voilà les ennemis,* etc. La strophe finale est dite d'un ton grave et avec une sorte d'admiration

# TABLE DES MATIÈRES




Saint-Denis. — Imp. Picard-Bernheim et C<sup>ie</sup>. — M. I.

www.ingramcontent.com/pod-product-compliance
Lightning Source LLC
LaVergne TN
LVHW021853170726
843503LV00003B/1205